New York

comme je l'ai vu

Texte et dessins de

CH. HUARD

EUG. REY
LIBR. EDIT.
8. BARD DES
ITALIENS
PARIS. 9E

NEW YORK

comme je l'ai vu

A LA MÊME LIBRAIRIE

Livres illustrés de Ch. HUARD

Province. — Cent dessins. Un vol. in-16 (E. Rey, Éditeur) . . . . 3 fr. 50

Paris, Province, Étranger. — Cent dessins. Préface de Henry Bataille. Un vol. in-16 (E. Rey, Éditeur). . . . . 3 fr. 50

NEW YORK
comme je l'ai vu

TEXTE ET DESSINS

PAR

CHARLES HUARD

PARIS
EUGÈNE REY, LIBRAIRE-ÉDITEUR
8, BOULEVARD DES ITALIENS, 8
1913

ÉDITION DE LUXE

IL A ÉTÉ TIRÉ :

100 exemplaires numérotés à la presse, n°s 1 à 100 sur papier du Japon de la Manufacture de Shizuoka.

500 exemplaires numérotés à la presse, n°s 101 à 600 sur papier vélin d'Arches fabriqué spécialement.

Chacun des exemplaires de l'édition de luxe contient une eau-forte originale de Ch. Huard tirée exclusivement pour cette édition.

NOTE DE L'ÉDITEUR

La préface des " Notes sur l'Angleterre ", par Taine, commence ainsi : « Les Anglais ont une habitude très bonne, celle de voyager en pays étranger et, au retour, d'écrire leurs remarques ; les divers témoignages ainsi recueillis se complètent, se contrôlent, et se corrigent l'un par l'autre. Que chacun dise ce qu'il a vu; les observations, pourvu qu'elles soient personnelles et faites de bonne foi, sont toujours utiles. »

New York comme je l'ai vu, le nouveau livre de Ch. Huard, conçu dans cet esprit, n'est pas un ouvrage littéraire, mais simplement un carnet de croquis complété par des notes, le tout conservant la saveur d'impressions et d'esquisses faites d'après nature par un artiste toujours amusé, notant au hasard de ses promenades les choses pittoresques ou caractéristiques qui le frappent, sans souci de psychologie ou de documentation.

New York comme je l'ai vu est vraiment un livre illustré, et nous croyons que cette collaboration si intime de l'artiste et de l'écrivain assurera à cet ouvrage une place bien à part parmi les publications intéressantes et nombreuses sur l'Amérique.

Le Port. — A Battery Park, près de l'Aquarium, dans le petit bassin réservé aux yachts, nous attend l'*Undine*, le launch électrique sur lequel nous devons visiter le port de New York.

La promenade s'annonce bonne ; le temps est magnifique, le vent tombé, la mer très calme. Des fumées blanches montent haut dans le ciel bleu, notre petit bateau a l'air d'un joli joujou, verni, astiqué, reluisant et tout joyeux de son pavillon neuf battant à l'arrière. Nous sommes cinq amis, fidèles au rendez-vous, et comme neuf heures sonnent, nous nous embarquons. Le moteur est aussitôt mis en action et, sans fumée ni bruit, sous le regard bienveillant d'un gros policeman resté sur le quai, nous nous en allons.

Quand, dans notre esprit, nous nous plaisons à imaginer un grand port, avec nos souvenirs, nous composons un ensemble de môles, de sémaphores, de mâts à signaux où flottent des pavillons de toutes couleurs — des jetées où la foule des curieux vient assister à l'arrivée et au départ des grands vaisseaux — un avant-port, égayé par les voiles et les filets séchant aux mâts des barques de pêche — des quais encombrés de marchandises, de chariots et d'un peuple négociant des choses exotiques et maritimes, des bassins pleins de navires, depuis les trapus cargo-boats jusqu'aux fins yachts blancs, voisinant sans ordre et reflétant gaiement dans l'eau bleue leurs mâtures et leurs coques, alors que dans tous les sens, allant de l'un à l'autre, passent, à la voile ou à l'aviron, des canots portant de rudes marins boucanés.

Ou bien il s'agit d'une grande cité sur les rives d'un fleuve, avec le pittoresque grouillement des vaisseaux et des barques ancrés au milieu, derrière lesquels s'élève le fond charmant de la ville, sa cathédrale, ses hautes maisons que dépassent encore les agrès et les vergues des fines mâtures. C'est ce que nous avons vu à Southampton ou à Barcelone, à Marseille ou au Havre, sur la Gironde ou sur l'Escaut.

Ici, nous chercherions en vain quelque chose de semblable ; tout ce que nous voyons est nouveau pour nous.

Après avoir passé vite le bout de Battery Park, nous sommes maintenant sur une rade immense où des navires de toutes sortes et de toutes nationalités sont à l'ancre. A gauche est Governor's Island, sauvegarde de New York, et pour ce fait, fortement fortifiée. Derrière, Brooklyn étend à l'infini ses usines et ses docks. Ellis Island, où débarquent les émigrants, est à droite. Nous allons toujours, et passons aux pieds mêmes de la statue de la Liberté, érigée sur l'île du même nom. Les Américains disent fièrement qu'elle est la plus grande des temps anciens et modernes ; elle n'en est pas plus belle pour cela, quoique sa patine vert-de-gris très clair soit d'un ton adorable.

L'*Undine* revient maintenant dans la North-river. Vus d'ici, les « sky-scrapers », avec les innombrables trous

noirs de leurs fenêtres, donnent l'illusion de châteaux forts comme en construisent les enfants avec des dominos. La rade est trop vaste, le fleuve trop large, le ciel trop immense pour arriver à l'impression de hauteur cherchée. On souhaiterait au milieu un édifice plus gigantesque, plus haut encore, rompant cette ligne trop longue.

A vraiment parler, le port est au pied de ces immenses maisons. L'île de Manhattan étant trop petite, il ne pouvait

être question de creuser des bassins ; on a donc construit de courtes jetées, laissant entre elles place aux plus grands navires qui viennent se mettre là comme dans les créneaux d'une roue dentée.

C'est sur ces jetées, « les piers », que les compagnies de navigation et de chemins de fer ont construit leurs docks et leurs hangars. La rivière est ici large comme un bras de mer, et d'un bord on n'aperçoit qu'indistinctement l'autre rive.

Des remorqueurs de toutes tailles, mais de modèle uniforme et tous surmontés de l'aigle doré de l'Union, circulent par centaines, robustes et rapides, à travers les « ferry-boats » qui vont et viennent dans tous les sens. Hauts comme des maisons, ces derniers s'approchent doucement, battant l'eau de leurs fortes roues ou de leurs hélices, et leur marche est si précise et si sûre que sans un heurt jamais, comme par miracle, ils entrent dans l'encoche qui leur est réservée. Les énormes bacs se vident ou s'emplissent presque instantanément, et sur les « slips » d'embarquement c'est une continuelle bousculade de gens se pressant, parmi le roulement des lourds chariots, les claquements de fouet et les hurlements des charretiers.

Des chalands passent d'une rive à l'autre des trains entiers. De grands paquebots descendent ou remontent le courant, tandis que des schooners à trois ou quatre mâts s'en vont toutes voiles dehors.

Derrière ces navires d'autres viennent en continuel mouvement, et c'est l'indomptable énergie de cette forte race que semblent célébrer le souffle rude des machines, le beuglement des sirènes, et le sifflement des remorqueurs que nous croisons sans cesse.

A un moment, nous nous trouvons trop près d'un steamer hollandais en route pour l'Europe, et notre pauvre petite barque est rudement secouée par les grosses vagues que creuse sur la route l'énorme mastodonte.

Nous passons Hoboken qui montre les usines et les docks immenses des compagnies allemandes. New York est maintenant une mer de maisons assez basses, d'où de place en place en surgit une plus élevée, de douze à quinze étages, portant

en lettres hautes de plusieurs mètres l'annonce de quelque produit ou l'enseigne de quelque hôtel.

A hauteur de la soixantième rue sont ancrés des vaisseaux de guerre battant pavillon anglais et américain. Les uns, les Anglais, sur la rive gauche du côté de Manhattan, les autres sur le bord opposé du fleuve. L'escadre du prince de Battenberg fait une visite ici, et c'est prétexte à réjouissances entre les deux marines. Nous passons au milieu de nombreuses embarcations allant d'un navire à l'autre ou gagnant la rive ; canots-majors, chaloupes à vapeur, baleinières portant des officiers et leurs invités, petits steamers sur lesquels des visiteurs, le nez en l'air, écoutent religieusement les explications que beugle le cornac dans son porte-voix.

A mesure que nous passons devant, notre pilote me nomme chaque croiseur ou cuirassé américain ; il les connaît tous, sait quelle est leur force, leur armement, et ne tarit pas d'éloges sur les qualités de quelques-uns. Cet homme, bonne tête de matelot anglais, face tannée, petits yeux gris perçants, est originaire de Gloucester, près de Boston, dans le Massachusetts, pays de marins et de pêcheurs, comme l'est la Bretagne. Pendant toute sa jeunesse il a fait la pêche du homard et de la morue à Terre-Neuve, où il a souvent rencontré nos navires granvillais et malouins. Depuis dix-huit ans il navigue sur des bateaux de plaisance à vapeur et à voile. C'est ainsi qu'embarqué comme timonier sur le *Sovereign*, grand steam-yacht transformé par son propriétaire en croiseur auxiliaire, il a fait la campagne de Cuba sous les ordres de l'amiral Sampson, et vécu en escadre près des navires que nous avons devant les yeux.

La rivière est maintenant encaissée entre les hauteurs des Palissades et le Riverside Park, où très blancs sur le fond sombre des arbres s'élèvent le monument aux marins et aux soldats, et le tombeau du général Grant. Une ligne de chemin de fer suit le rivage. Sur le fleuve la circulation est moins intense, une brise légère apporte la bonne odeur de terre et de campagne, venue de derrière les cimes couvertes de chênes et d'ormes patriarcaux. Les hauts promontoires de granit sont tapissés de mousses et de lichens épais, comme d'une riche étoffe dans toute la gamme des verts.

Les nombreux boat-houses, et les clubs de rowing et de

yachting installés le long des berges montrent qu'ici le plaisir joue un rôle aussi important que le commerce. Cette impression de calme et de répit, nous l'aurons plus vive encore dans la Harlem river, que notre *Undine* descend à une douce allure. Des chalands s'en vont lentement au fil du courant; des canotiers passent près de nous silencieux; le bourdonnement d'un launch à pétrole ou le sifflement dans la distance d'un remorqueur qui demande l'ouverture d'un pont, nous arrive indistinctement à l'oreille. Sur le rivage, les hôtels et les boat clubs, fermés en cette saison, ajoutent encore à la sensation de silence que nous goûtons en ce moment. Et la transition est trop brusque, quand, reprenant notre vitesse, nous quittons ce tableau de vie calme et heureuse pour nous retrouver tout d'un coup dans une contrée misérable et désolée, frangée à l'horizon d'une longue bande d'usines que voilent les fumées. C'est ce que nous avons vu

de plus laid et de plus sale. Des pyramides d'ordures autour desquelles tourne une humanité à moitié affamée s'élèvent dans ce paysage sinistre. Sur la rive, de place en place, un chaland naufragé, enfoui dans un lit de boue, pourrit sous la lèpre de mousse et de coquillages qui le recouvre. Un minable gamin, mal couvert de haillons, plongé dans la vase noire, cherche je ne sais quoi dans cet horrible saleté et lève, à notre passage, un pauvre petit visage blême où brillent deux yeux tristes et étonnés.

Plus loin nous trouvons des « coal-yards », d'énormes chantiers de bois, des quais où des schooners débarquent leur chargement, des ponts sur lesquels courent des trains à toute vitesse dans un fracas d'enfer. Nous passons de tristes îles couvertes d'hôpitaux, de prisons, d'asiles d'infirmes et d'aliénés.

Nous sommes dans l'East River, entre Brooklyn et New York. Le pont de Williamsburg bouche l'horizon. Un peu après, le fleuve fait un grand coude et c'est le gigantesque Brooklyn Bridge qui apparaît maintenant à nos yeux émerveillés.

A nouveau, nous nous retrouvons dans le fourmillement de la rade parmi les grands navires, les hauts voiliers, les ferry-boats et les remorqueurs. Nous repassons devant les maisons géantes; nous revoyons la Batterie, l'Aquarium et le petit bassin où ce matin l'*Undine* nous a pris.

Lower New York. — Tout autour du pont de Brooklyn, dans l'encombrement des rues étroites et sans air, puantes du relent des nourritures et des logis misérables, vit pêle-mêle et tant bien que mal la population la plus cosmopolite et la plus mélangée qui soit.

Confondant leurs idiomes et leurs caractères originaux, se coudoient toutes les races du monde ; des Italiens et des Irlandais, des Espagnols et des Suédois, de maigres Egyptiens près de lourds Allemands, des enfants de moujiks se roulent dans la boue avec de petits nègres, des femmes venues des pays du soleil, enveloppées de loques de couleurs éclatantes, bleues, rouges, jaunes, vertes, causent sur les portes de boutiques que tiennent de noirs juifs hollandais.

Des rues bordées de maisons de toutes tailles, la majorité en briques, d'autres les plus vieilles en bois, se croisent dans tous les sens. Les balcons et les échelles des « fire escapes » sont pavoisés de haillons, de matelas et de linge qui sèche. Des enseignes et des affiches s'inscrivent dans toutes les langues. Présage de rixes habituelles, celle-ci revient plusieurs fois « Black eyes cured while you wait » (guérison intantanée des yeux pochés). Je n'en ai pas moins remarqué de nombreux nez saignants, des oreilles bandées, des faces où des coups de poing solidement appliqués mettaient tous les tons de l'arc-en-ciel.

Ces quartiers portent des noms comme « la petite Italie, la petite Pologne. la ville Chinoise, etc.. », et au centre de tout ceci est une large, bruyante et curieuse avenue qu'on appelle le « Bowery. » Il paraît que c'est là un vieux mot hollandais voulant dire « métairie », et qu'à l'origine cette grande voie n'était qu'un sentier conduisant aux fermes de

New Amsterdam. N'est-ce pas évocateur du charme des champs et de la vie rustique? Et ce nom, n'est-il pas comme un appel de vagabondage sous des ombrages solitaires, et dans de vertes prairies? Appel dont nul ne se soucie et auquel personne ne répond. Mais c'est folie que de penser à ces choses dans l'éclat brutal des lumières électriques, le tumulte assourdissant des « elevated », les cris des marchands et les clameurs qui sortent du fourmillement de gens encombrant la chaussée et les trottoirs.

Les bars, les « saloons », les music-halls, les vaudevilles regorgent d'une foule avide de sensations et de spectacles bon marché.

De nombreuses boutiques de bric-à-brac jettent le trop-plein de leur contenu jusque sur le trottoir, en des amas de choses imprévues et innombrables. Aux étalages des magasins de confections, des mannequins, exhibant des redingotes lamentables et des complets défraîchis, s'intitulent pompeusement « The Prince of Wales », The Vanderbilt, The Pierpont Morgan,

Pride of the Millionaires (l'orgueil des millionnaires), tandis qu'à côté d'autres boutiques exposent des chapeaux et des casquettes qui s'appellent « The heart's delight (délice du cœur), The workman's friend (l'ami du travailleur), Father's joy (la joie du père). Quant aux robes, aux blouses, aux manteaux que vendent aux femmes du peuple ces trafiquants de faubourg, ils se parent de noms comme ceux-ci : The Alice Roosevelt, The up-to-date (le dernier cri), Bernhardt's desire (l'envie de Mme Bernhardt). Il n'est pas jusqu'à la plus misérable échoppe qui n'inscrive sur sa porte, ou sur ses carreaux : « The best in the world » (le meilleur marché du monde), The cheapest on earth (le meilleur marché sur la terre), Never before as here (jamais avant comme ici), ou encore : The smartest out (le plus élégant).

Le long des trottoirs, des voitures basses portent les éventaires des marchands de pommes, de raisins, de bananes, d'oranges, de peanuts et de bonbons. D'autres vendent des coquillages, que des amateurs dégustent sur place, des balais, et de la vaisselle. Des Allemands offrent des pretzels et des charcuteries, des filles égyptiennes proposent des dentelles et des broderies de leur pays.

Aux coins des rues, des femmes de l'armée du salut, en manteaux rouges, quêtent pour les pauvres, ou quelque orgue de Barbarie s'évertue à moudre des airs connus sur lesquels la marmaille du quartier danse en cadence.

Ne croyez pas que cela puisse se comparer à nos faubourgs parisiens, pleins d'un peuple badaud et joyeux. De cette foule-ci se dégage une impression de vie intense et farouche. Le travail est rude et malheur à qui tombe sur le chemin. La lutte laisse ces visages tristes, sérieux au moins.

Aucun n'a cet air déluré et crâne qu'on remarque si souvent dans nos ateliers et nos chantiers.

Presque tous les syndicats et les clubs d'ouvriers ont leurs sièges dans le Bowery, et le soir, des wagons de l' « elevated » qui passent très près, le regard peut plonger dans des salles de réunion, aux murs nus, obscurcies par la fumée des pipes et pleines d'ouvriers lisant autour de larges tables. Tous ces hommes sont enrégimentés dans de puissantes associations qu'on appelle des « Unions. » Il y en a pour tous les corps de métiers, depuis les balayeurs des rues, jusqu'aux choristes de l'Opéra, depuis les boot-blacks jusqu'aux modèles d'artistes et aux employés de magasins, et la vie est impossible pour le travailleur qui ne fait pas partie de ces organisations. Non seulement il sera boycotté par ses camarades, mais encore il ne trouvera aucun patron voulant l'employer, dans la crainte de voir sa maison mise à l'index par l'« Union ». On comprend après cela quelle importance prend une grève dans ce pays.

Où vont ces gens quand ils veulent se distraire ? L'énorme quantité des cafés, des bars et des brasseries indique que l'alcool joue un rôle important. Je suis entré dans ces établissements où le poker, le pool et le billard ont de nom-

breux fervents. J'ai suivi la foule dans ces « vaudevilles automatiques » où, pour un sou, il vous est permis d'entendre la voix de Caruso dans un nasillard phonographe, à moins que, collant votre nez sur une boîte munie de lunettes, vous ne préfériez suivre les incidents cinématographiés d'un match de foot-ball ou d'une partie de boxe.

J'ai vu dans des music-halls, pleins à crouler, des cabots de quinzième ordre qui chantaient des romances sentimentales ou des couplets politiques en dansant au refrain, — des nègres qui jouaient du banjo et dansaient le « pigeon wing », — des gymnastes, des jongleurs, des prestidigitateurs.

Je suis même allé dans un théâtre de ces quartiers populaires, pour voir jouer devant une salle comble un drame à gros succès. « A Woman in the Case », tel était le titre qui peut se traduire ainsi : une femme devant un cas difficile.

Voici en quelques mots le sujet de la pièce :

Un homme est accusé du meurtre d'un de ses amis, des charges accablantes pèsent sur lui, et au milieu d'une soirée des officiers de police viennent l'arrêter. Un seul être a été le témoin du drame : c'est la maîtresse du mort, une chorus girl de mœurs légères. Elle seule peut éclairer la justice, mais elle ne veut rien dire.

Alors il se passe ceci : la femme de l'accusé, convaincue de l'innocence de son mari, veut à tout prix le sauver. Pour cela elle se mêle au monde de fêtards que fréquente la chorus girl. Elle la retrouve, lui fait croire qu'elle a pris ses vices et ses habitudes déréglées et devient son amie tellement intime qu'elles finissent par habiter ensemble le même logis. La scène capitale est celle où l'honnête femme enivre la drôlesse et lui fait avouer qu'il n'y a pas eu d'assassinat, mais seulement un suicide dont elle a été l'unique cause. Le dernier acte montre le mari enfin libre, rentrant de la prison et retrouvant sa femme au lit, malade d'une fièvre cérébrale, que certes l'auteur n'attrapa pas à composer cette pièce.

L'émotion était grande dans la salle. Beaucoup de femmes pleuraient, des hommes serraient les poings et tendaient le cou vers la scène, les yeux luisants sous les sourcils froncés, les dents serrées et la mâchoire saillante. Les entrées de l'héroïne étaient saluées d'applaudissements frénétiques et, par contre, on sifflait et chutait chacune des répliques de la pauvre chorus girl.

Ce public se passionne pour le drame, et tous les vieux mélos de notre répertoire, traduits et adaptés, ont encore ici un succès colossal et ne quittent guère l'affiche.

Ici comme ailleurs, c'est dans ces quartiers de misère qu'élisent domicile les prostituées et les voleurs, et bien que hauts de sept pieds et d'aspect redoutable, les policemen ont une rude besogne et courent souvent de vrais dangers.

C'est un jour que je travaillais dans la troisième avenue, que j'ai fait la connaissance de celui dont le portrait est dans ces pages. Le fait de voir un artiste dessiner dans la rue est assez rare à New York, et cette fois j'avais autour de moi un public tellement nombreux que ce brave représentant de l'autorité voulut savoir la cause du rassemblement pour le disperser. Il eut tôt fait de chasser les gamins et les curieux qui m'entouraient, puis il se tourna vers moi et s'informa de ce que je faisais. Mon dessin lui plut beaucoup ; il m'en fit compliment, et ainsi commença une conversation, coupée de longs intervalles pendant lesquels il faisait sa ronde. Il marchait vingt minutes, causait dix minutes avec moi et repartait. A chaque demi-heure je le voyais reparaître, toujours plus souriant et toujours plus bavard. Vous n'imaginez pas ce qu'est un entretien dans ces conditions. Il me racontait, par exemple, avec force détails, la difficile capture de deux bandits cambriolant une boutique dans la nuit, et juste au moment où il mettait son revolver sous le nez du plus fort, crac — les dix minutes étaient passées et il fallait en attendre encore trente pour savoir la fin de cette périlleuse aventure.

Ses récits n'avaient pas toujours ce tour tragique, et il se plaisait à me conter d'amusantes histoires sur les gens dont il avait la garde. Il en savait de très drôles sur les juifs du Bowery. Celle-ci par exemple :

Isaac Bloomenberg, ou Moïse Rosenbaum, fripier et marchand d'habits « de seconde main », vit un jour arriver chez lui un pauvre diable, qui désirait une redingote. Il s'en fit montrer plusieurs, en choisit une, l'endossa, et comme le marchand avait le dos tourné, prit la porte et détala. Isaac aussitôt vint sur le trottoir en hurlant « Au voleur ». Ses cris attirèrent notre policeman et tous deux s'élancèrent à la poursuite du filou. Comme l'homme de loi, voyant échapper sa proie, sortait son revolver et s'apprêtait à tirer, Bloomenberg ou Rosenbaum lui cria : « Tirez si vous voulez, mais pour l'amour de Dieu, pas dans la redingote ; elle est presque neuve. »

Et cette autre :

Un marchand entre chez son confrère, la mine longue, et prêt à offrir des condoléances.

— Isenstein, j'ai entendu que vous avez eu un incendie dans votre magasin, mardi dernier.

— Vous vous trompez, mon bon ami, c'est pour jeudi prochain.

Voici ce mot d'un Irlandais :

Deux Irlandais parlent dans un trolley-car :

— Il paraît que le pape est mort, dit l'un.

— Pas possible ! fait l'autre ; et après avoir réfléchi un peu : Pourvu que Roosevelt ne nous mette pas un protestant à sa place !

Ces policemen jouissent d'une grande autorité, le bâton

qu'ils ont au côté est une arme terrible. J'en ai vu un assommer un ivrogne qui refusait de circuler. Le pauvre bougre était dans un tel état qu'une voiture d'ambulance

dut venir l'enlever. Jamais l'armée n'intervient, ils sont les maîtres dans la rue pour assurer l'ordre. D'ailleurs, il y a très peu de soldats et on ne les voit jamais. Les Américains sont très fiers de dire qu'ils n'en ont pas besoin et que vingt-cinq mille hommes leur suffisent. Ces soldats sont assez mal payés et ne jouissent pas d'une grande estime parmi le populaire, qui les considère comme des gens sans importance, ne s'enrôlant que par crainte de la lutte. Et même certains théâtres de Washington, pensant que la vue de simples soldats en uniforme aux meilleures places pourrait indisposer leurs clients habituels, refusaient de vendre des fauteuils d'orchestre aux militaires en tenue qui se présentaient aux bureaux. Cet acte fut l'objet d'une violente campagne de presse. Des journaux s'indignèrent, disant que les soldats étaient des citoyens américains, avaient droit à tous les privilèges de cette condition et ne devaient pas être regardés comme dans une position sociale inférieure au reste de la population. On comprend après cela que la faveur publique n'aille pas aux militaires, et que tout le respect de la foule soit pour les hommes de police et les pompiers.

Ces derniers, grimpés sur leurs hautes voitures, revêtus de chapeaux et de capotes caoutchoutés, sillonnent à toute heure, au grand galop de leurs chevaux, les rues de New York. Les incendies sont si nombreux que certains jours les journaux en notent jusqu'à quarante, et cependant peu de villes possèdent tant de moyens de les combattre.

Chinatown. — C'est le quartier chinois de New York. Il est situé dans le bas de la ville près du « Bowery » et comprend trois rues : Mott, Pell et Doyer Streets — l'Elevated de la 3e avenue y mène directement.

J'y suis allé deux fois et toujours par un temps gris et froid, sous la pluie et dans la boue glacée ; c'était très triste et bien loin de ce que j'avais imaginé.

Quelques façades en bois doré ou multicolore, d'où pendent piteusement des drapeaux et des lanternes, — des boutiques où l'on demande des prix exorbitants de porcelaines de pacotille et de laques de bazar de cinquantième ordre, d'ailleurs fabriqués en Allema-

gne, — de pittoresques échoppes avec leurs enseignes en caractères orientaux, bizarres et charmants, or sur fond rouge ou noir, qui se balancent au vent, — des étalages de fruits, de légumes, de viandes, de choses étranges et sordides.

Derrière les vitres des devantures, dans l'ombre des boutiques basses, des tailleurs cousent, des marchands pèsent du thé ou emballent des épices avec leur éternel sourire, le clignement de leurs yeux noirs, leurs gestes menus, leur trottinement et l'air de chiens battus qu'ils ont tous.

Dans la rue, d'autres Chinois vont et viennent ou se rassemblent en groupes silencieux devant telle boutique ou tel restaurant. Ils sont vêtus de façon uniforme : une ample blouse noire avec un peu de fourrure au col, un pantalon large et court ; chaussés de sandales aux semelles épaisses et plates et coiffés d'un chapeau de feutre noir, leurs longues nattes battant le dos.

Avec leurs yeux bridés, leurs pommettes saillantes, leur nez camard, leurs regards de bêtes sournoises et méchantes, ils donnent l'idée de serpents ou de rats, d'une tribu prête à la curée et dangereuse pour la ville.

Des enfants chinois jouent dans le ruisseau, tout en mangeant des morceaux de canne à sucre. Je demande à l'un d'eux pourquoi on ne voit pas de femmes : « Elles restent dans les maisons », me répond-il, « elles ont les pieds

trop petits et peuvent à peine marcher. » Lui est très fier d'avoir une mère américaine et de parler anglais. Il m'explique que très peu de Chinois vivent dans ce quartier : ils sont pour la plupart blanchisseurs et habitent aux quatre coins de New York, mais c'est ici qu'ils viennent se distraire, manger la cuisine nationale, et surtout fumer l'opium une fois leur travail fini. C'est donc le soir qu'il faut venir.

Alors, une plus grande animation règne dans les étroites rues. Toutes les boutiques sont éclairées, les lanternes en papier brillent aux fenêtres et « Chinatown by night » étant une des curiosités de New York, des bandes d'Américains débarquent de grands chars à bancs automobiles et, sous la conduite d'un guide, font la tournée des bazars et des restaurants.

J'entre au théâtre, la salle est presque pleine. A la porte un gigantesque policeman fouille minutieusement tous les Chinois qui entrent. A mon « pourquoi », il répond en riant que ces vilains singes jaunes, à l'air peureux et débonnaire, sont fort méchants : « These yellow monkeys are a bad lot. » — Il y a parmi eux deux partis politiques toujours en guerre, qui, à l'occasion, se lancent des bombes ou se fusillent à coups de revolver. Des Américains ayant été blessés, la police prend maintenant des précautions.

Cette salle de spectacle, mal éclairée par quelques becs de gaz, avec ses deux rangées de bancs en gradins, répand une odeur forte et désagréable : l'odeur du Chinois aussi particulière que l'odeur du nègre.

La scène est un plancher, sans rideau ni décors ; l'orchestre est au fond, il se compose d'instruments bizarres et criards qui mènent un tapage d'enfer. Les acteurs viennent les uns après les autres, chanter leur rôle sur le même ton plaintif, toujours accompagnés par la sauvage musique.

Autant que j'aie pu comprendre, le sujet de la pièce était très simple : il s'agissait d'un jeune homme aimant une jeune fille contre la volonté de sa mère, qui portait le cas devant un juge, lequel juge condamnait la jeune fille à la bastonnade et le jeune homme en mourait de douleur.

Je suis resté là près de deux heures, seul dans une espèce

de loge près de la scène et face au public. J'ai pu, pendant ce temps, croquer acteurs et spectateurs sans que jamais nul d'entre eux ne parût remarquer ma présence. Ils étaient trois ou quatre cents qui suivaient attentivement la pièce, immobiles et silencieux, sans jamais un rire ou un applaudissement ; un vieil homme avait amené deux petits enfants qui étaient déjà aussi graves, immobiles et impénétrables que lui. Je sors de là pour aller dans un restaurant que m'a indiqué mon jovial et complaisant policeman. Après avoir monté quelques marches, je me trouve dans une petite salle ornée de dorures et de glaces tachées ; sur des tables rondes peintes en rouge et très hautes, des plats attendent, dont l'aspect présage des estomacs différents des nôtres.

Un garçon me baragouine quelque chose dans un anglais incompréhensible, au hasard je réponds : « Yes. » Sans bruit il disparaît et revient au bout de quelques minutes avec un bol de thé, d'appé-

tissantes poires confites et un horrible mélange de riz, de choux, de céleri, de pommes, et peut-être d'autres choses, le tout haché et frit, nageant dans une sauce brune et grasse. Je repousse cette infamie, mange les poires, et pars très vite, non sans avoir payé une addition fortement salée que me tend le garçon de son air souriant et bonhomme.

Je voulais voir à tout prix une fumerie d'opium. À quelques jours de là un journaliste de mes amis me proposa de m'y conduire. Nous entrâmes dans un corridor de « Doyer street », et au bout d'un escalier noir et puant nous nous trouvâmes dans une espèce de cave, éclairée par un seul bec de gaz. Un affreux vieillard, édenté et chauve, préparait des pipes. Il leva la tête à notre arrivée ; derrière lui, sur des nattes, des hommes dormaient, mais j'eus à peine le temps de les apercevoir ; il régnait là une odeur si nauséabonde que je reculai suffoqué, le cœur sur les lèvres. Je m'échappai au plus vite et au grand amusement de mon ami. Je ne voulus plus jamais entendre parler de la « Chinatown » et des Chinois.

Peut-être existe-t-il quelque part une Chine à fleurs roses et à porcelaines bleues, où des mandarins à robes brodées de chimères et d'oiseaux dorés se promènent au bord de petits lacs en compagnie de belles dames aux doigts fins, jouant de l'éventail, tandis que dans des ciels sans nuages passent des vols d'oiseaux de Paradis ?

Si ce n'est pas vrai, Madame Judith Gautier est bien coupable.

Upper New York. — Au milieu du XVIIIe siècle, la partie nord de l'île de Manhattan était une pittoresque région de bois et de rochers, au milieu desquels se trouvait un petit village que les habitants appelèrent Harlem, en souvenir de leur mère patrie et en raison du voisinage de New Amsterdam, qui était alors le nom de New York.

Quelques distingués citadins, séduits par le calme et la sauvagerie du lieu, y avaient leurs quartiers d'été. L'accès en était difficile, le voyage long et fatigant; il ne pouvait se faire qu'à cheval, vu l'état des chemins, et malheur au fou qui osait s'aventurer à partir après la nuit tombée : de nombreuses occasions s'offraient à lui d'aller terminer sa périlleuse équipée au fond de quelque fondrière bordant la route.

De ce passé pourtant près de nous, il ne reste presque rien. Les démolisseurs sont en train d'abattre « Morrisania », la romantique demeure du gouverneur Morris, et de hideuses bâtisses s'élèveront bientôt sur l'emplacement de la vieille charmante maison. Cependant bien des souvenirs y étaient attachés. Dans ses salons se sont souvent rencontrés Washington et Lafayette, et les préliminaires de la Déclaration d'Indépendance ont été discutés là ; tandis que les belles dames de la société, en robes à paniers et les cheveux poudrés, caquetaient dans l'ombre du boulingrin. Voilà ce dont les spéculateurs, gent peu imaginative, ne se soucient pas et, certes, ils n'ont pas eu le moindre remords à mettre la pioche dans cette relique. « Business is business. »

Ce Harlem solitaire et agreste que nous évoquons ne pouvait être que transitoire. New York grandissait à vue d'œil, le centre des affaires se déplaçait à mesure, gagnait le milieu de la ville, augmentait considérablement la valeur des terrains et le prix de la vie.

Une bande de New-Yorkers vint au nord, et la contrée fut vite le paradis des employés et des pères de famille, des petits marchands, des couples nouvellement mariés et des artistes débutants, de tout un peuple à bourse modeste et à revenus limités. Des milliers de maisons de rapport poussèrent comme par miracle et formèrent bientôt d'immenses quartiers, aux longues rues monotones, montrant des kilomètres d'identiques façades de brique, bordées de moulures de fer-blanc arrêtant les toits plats.

Des tramways électriques, des chemins de fer élevés et souterrains à marche rapide, mettent maintenant Harlem à une demi-heure des quartiers d'affaires. Les trains express du subway traversent la ville, du pont de Brooklyn à la cent-dixième rue, en moins de vingt minutes, et cette facilité de communication est une des causes principales de son immense développement.

Les petits malheurs de la vie moyenne, les promiscuités et les autres inconvénients des appartements incommodes et étroits, dont les minces cloisons laissent passer les odeurs de cuisine et le bruit des conversations, tout cela est, pour les New-Yorkers, la source féconde de refrains moqueurs et d'anecdotes qui ont rendu célèbres les Harlem flats.

Le lundi ils ont une physionomie particulière : ce jour-là

— the wash day — est réservé par les ménagères pour le lavage de tout le linge de la maison. Comme les blanchisseuses coûtent très cher, elles ont l'habitude de faire elles-mêmes cette opération. Dans les cours sont disposés de grands mâts d'où partent des cordes qui vont rejoindre les fenêtres de chaque habitation. Là-dessus sèchent tant bien que mal les draps et les serviettes, les caleçons et les mouchoirs, des rideaux de dentelles flottent comme des drapeaux auprès de longues chemises et de pantalons que le vent gonfle comme des ballons.

De la rue monte le tapage effrayant que mènent les gamins ; vous pensez bien qu'ils sont encore plus nombreux ici qu'ailleurs et qu'il se joue de fameuses parties de « base ball » et de « foot ball » dans les terrains vagues et quelquefois même au milieu des trottoirs. Quand toute une bande se met à siffler, ou à pousser les cris de ralliement qui leur sont particuliers, il y a de quoi devenir sourd, et je crois qu'on court un réel danger si, au tournant d'une rue, on se trouve subitement sur le

chemin de trente ou quarante boys lancés à fond de train. Quand les intempéries les forcent à abandonner l'asphalte, il y a encore pour eux des clubs et des bibliothèques. Un jour, j'ai demandé à pénétrer dans une de ces dernières, et je fus étonné du silence qui y régnait, quoique personne ne fût là pour faire la police. Les enfants entraient doucement, choisissaient sans bruit les volumes qu'ils désiraient et s'en allaient s'asseoir autour de larges tables sur des sièges à leur hauteur. Les livres sont naturellement choisis pour instruire et distraire, — de tout petits garçons disparaissaient complètement derrière des atlas plus hauts qu'eux, et souvent l'aide d'un camarade est nécessaire pour remettre en place un dictionnaire trop lourd. — J'ai vu là une fillette de six ans qui était plongée dans une traduction des contes de Perrault et souriait de bonheur, sans doute partie bien loin, sur le char d'une fée, au pays de la Belle au bois dormant et de Peau d'âne. — A côté d'elle, un petit nègre épelait la vie et l'histoire de Napoléon Bonaparte, empereur des

Français et un gros garçon, réjoui par les aventures d'un héros burlesque, mettait tous ses efforts à retenir des éclats de rire qui eussent gêné ses voisins.

Il paraît que c'est de l'école que les enfants prennent cet esprit d'ordre et ce respect de la tranquillité d'autrui et que c'est tout naturel, étant donnée l'organisation de la vie scolaire.

L'établissement est administré comme une ville, les élèves élisent un maire, des juges, des secrétaires, des fonctionnaires et un conseil municipal représentant des arrondissements différents — chacun d'eux étant cette fois une classe. Ce conseil est autorisé à faire des lois, qu'appliquent les juges et les gens de police ; tout le gouvernement et la discipline de l'école sont ainsi aux mains des enfants qui s'en acquittent à merveille.

Les professeurs ont abandonné leurs fonctions de garde-chiourme et n'ont plus qu'à donner l'instruction et les conseils qu'on leur demande.

Dans les cours de récréation où autrefois le désordre était tel que la présence d'un policeman était nécessaire à toute heure, l'ordre a été rétabli en moins d'une semaine. Les garçons et les filles sont ensemble, et il n'est pas rare de voir une fillette de douze ans maire de l'école, prendre la direction des affaires ; le juge est quelquefois un des pires voyous que la gravité de ses nouvelles fonctions fait rentrer dans le droit chemin et qui rend des jugements avec sagesse et impartialité.

Cela ne vaut-il pas mieux que les longs pensums, les heures de piquet, les retenues et tout l'appareil de punitions absurdes et injustes qui nous font quitter le collège avec la haine du pion et le regret de toute une enfance passée là, comme dans une geôle ?

Mais revenons à Harlem, et par la large et bruyante 125e rue gagnons les hauteurs de Morningside ; là s'élèvera quelque jour la cathédrale protestante de Saint-John le Divin. Déjà les fondations et la crypte sont prêtes et le gros œuvre s'indique en énormes masses de maçonneries et de charpentes. En bas s'allonge Morningside Park, tout étroite bande de terre et d'arbres que lèche la mer de maisons de rapport, immenses boîtes carrées dans les étroits tiroirs desquels vivent plus de 400.000 êtres. Les trains de l'Elevated passent à une élévation de 62 pieds au-dessus du sol entre Central et Morningside Park, offrant une des plus magnifiques vues de la Cité, particulièrement la nuit quand les lumières de la grande ville brillant par milliers en font un émouvant tableau.

Près de la cathédrale est le grand hôpital de Saint-Luc et de l'autre côté d'Amsterdam Avenue, les immenses constructions de Columbia, l'Université de la ville de New York. Plus haut encore est le grand couvent du Sacré-Cœur et le Collège de la cité de New York.

L'autre côté de Harlem est réservé à l'industrie; il y a par là d'immenses terrains à bâtir auprès de la Rivière. En attendant, on y jette les détritus de la ville et l'aspect n'en est guère engageant ni pittoresque. Sont aussi là les entrepôts du Grand Central Railway, et les innombrables wagons venus de l'Ouest débarquent sur les quais leur contenu de marchandises.

Les Nègres. — Les Américains, en général, n'ont guère d'estime pour les pauvres noirs. Ils disent qu'ils sont menteurs, paresseux, voleurs, ivrognes, vicieux, et que l'accroissement de leur race constitue un sérieux danger social. Ils nient toute possibilité de les améliorer et de les instruire et, pour ce fait, les relèguent aux plus basses fonctions et les traitent tout à fait comme des êtres inférieurs. Quoique, depuis leur émancipation, les nègres jouissent du titre et des privilèges des citoyens américains, on ne les admet pourtant pas aux bonnes places dans les théâtres, on leur refuse l'entrée des églises des blancs, on ne les accepte pas dans les restaurants et les hôtels d'un certain ordre, et je ne crois pas que sur tout le territoire des Etats il puisse se trouver un domestique blanc qui veuille bien servir un nègre.

Eux, semblent accepter la situation qui leur est faite, et pourvu qu'on leur décernât le titre de gentlemen of color (messieurs de couleur), ils ne souffrent pas trop du manque d'égards qu'on a à leur endroit, et puis, encore au-dessous d'eux, il y a les Chinois qu'ils considèrent avec un mépris vraiment comique et écrasent de toute leur supériorité de sujets américains.

Ce sont toujours des nègres qu'on emploie pour les travaux grossiers, ils lavent les devantures, enlèvent les ordures, manipulent les choses lourdes et sales et font toutes les besognes que les blancs se refusent à faire. Dans un ordre plus élevé ils sont cochers, valets de pied, cuisiniers, chauffeurs d'automobiles. Ce sont eux qui, en grande redingote et chapeau à cocarde, ouvrent les portes des magasins, ou bien vêtus de blanc, si blanc près de leurs têtes laineuses et leurs pattes noires, mettent une note pittoresque et réjouissante dans les hôtels, les dining-cars et les restaurants où ils servent à table.

Les femmes s'emploient comme cuisinières, blanchisseuses ou nourrices, à moins qu'elles ne restent au logis soignant des nichées piaillantes de petits négrillons.

La vie des nègres est naturellement tout à part ; ils ont leurs églises à eux, et il faut voir comment les pasteurs noirs y commentent les saintes Ecritures pour l'entendement de leurs fidèles. J'ai entendu prêcher un vieux ministre à cheveux blancs, les yeux injectés de sang, que l'indignation forçait à des gestes désordonnés. Un type comique comme on en voit dans les caricatures américaines ; il dénonçait certains de ses frères noirs qui avaient bu la veille plus que de raison. Pendant plus d'une demi-heure il les accabla d'épithètes grossières, les compara à toutes sortes d'animaux et de choses immondes, les accusa enfin de prendre des vices du « poor white trash » — la pauvre ordure blanche — bref les arrangea si bien que, quand il eut fini, on put contempler le spectacle réconfortant des pauvres bougres coupables, écroulés sur leur banc, et qui sanglotaient comme des veaux.

Les cirques et les cafés-concerts ont mis à la mode les danses et les refrains des nègres américains. Voici, tel que je l'ai vu, le récit d'un vrai « cake-walk » auquel j'ai pu assister.

La fête avait lieu dans une grande salle, d'ordinaire louée pour des réunions politiques et située à un premier étage au-dessus de la boutique d'un boucher. Cette pièce était mal éclairée par quelques becs de gaz et les organisateurs ne s'étaient pas ruinés en frais de décoration. Seuls sur les murs nus deux drapeaux américains et des chiffons d'andrinople entouraient les photographies coloriées du président Roosevelt et Booker Washington, l'apôtre nègre. Aucune trace de vestiaire ou de buffet, sans doute parce qu'on ne peut trouver personne pour les tenir.

Vers dix heures la salle se remplit peu à peu de couples, dont le premier soin est d'aller contempler le « cake », immense gâteau recouvert de sucre glacé et surmonté d'un amour en papier d'argent. Cette pâtisserie est mise en bonne place au milieu d'une table branlante sur laquelle un vieux journal tient lieu de nappe ou de tapis. Les yeux rayonnent d'envie gourmande, sur les faces lippues et sombres des sourires entr'ouvrent les larges bouches, la joie éclate ; il y a des gloussements de plaisir et de petits cris d'admiration ; l'on est impatient de commencer les danses.

Voici qu'arrive le personnage de la soirée : le président, le juge qui doit décerner le prix. C'est un énorme cocher qui jouit de l'imposant prestige de conduire les chevaux d'un milliardaire, la gloire de son maître rejaillit sur lui. On l'entoure de prévenances et de flatteries qu'il reçoit dignement avec les gestes condescendants d'homme habitué aux honneurs.

Il saute aux yeux que nous sommes dans un milieu de

domestiques, tant sont visibles les nombreux emprunts faits dans les garde-robes de leurs maîtres par l'assemblée présente.

Le spectacle des toilettes est plutôt réjouissant. Les femmes portent des combinaisons de couleurs criardes dont elles raffolent. Les jaunes canari, les verts poireau, les rouges lie-de-vin, forment un ensemble qui serait horrible à voir si la lumière jaune du gaz n'atténuait la crudité des tons et ne baignait toutes choses dans une atmosphère dorée. Quelques invitées sont tout en blanc avec des corsages dont les motifs ajourés se dessinent en clair sur le noir de la peau. Les tenues des hommes ne sont pas moins comiques ; j'en ai noté qui portaient un smoking avec la culotte courte de cycliste, des redingotes s'ouvrant sur les chemises de couleur, tous ont un énorme chrysanthème à la boutonnière.

Les émanations qui se dégagent de la compagnie sont fortes et sans charme ; l'odeur de nègre persiste, écœurante, malgré les parfums variés répandus sur les assistants.

Mais voilà que l'on accorde les violons et les banjos. Au son de la musique, les couples commencent à tourner autour de la salle. Ils affectent des airs cérémonieux, de longues salutations, des gestes pompeux, des sourires qui veulent être gracieux ; puis, la musique jouant sur un rythme plus vif, les voilà partis petit à petit à des déhanchements, des contorsions de tous les corps, des mouvements pressés, mais parfaitement cadencés. Chaque couple danse de façon différente, mais tous ont le buste rejeté en arrière, les faces camuses mimant des grimaces continuelles.

Le gâteau étant pour ceux qui montreront la plus grande endurance et resteront les derniers, ils ne s'arrêtent que lorsqu'ils sont tout à fait épuisés. La sueur roule le long des visages, les grands chapeaux des femmes leur pendent dans le dos. Elles vont quand même, minaudant, étalant leurs dents blanches, jouant de l'éventail, inventant à chaque minute des attitudes et des pas nouveaux.

Nous quittons la salle au moment où elle semble hantée par des singes ou des fous, alors qu'aveuglés par la poussière que soulèvent les pieds, empoisonnés par l'odeur insupportable, il nous faut partir.

Vautré sur sa chaise, près du gâteau, le juge ronfle à poings fermés.

Dans le Quartier des Affaires. — Quand ici l'on s'enquiert de la situation sociale d'un homme, quatre-vingt-dix-huit fois sur cent la réponse est celle-ci : — « He is a business man ». — C'est un homme d'affaires. Ce mot « Business » revient à tout instant, il est dans toutes les bouches, de toutes les conversations et semble comme le cri de ralliement de toute la population, à côté de cet autre mot « dollars » qui est son complément. Dans ce pays on ne dit jamais d'un homme « Qu'est-ce qu'il est ? », on demande « Qu'est-ce qu'il vaut ? », et c'est par un chiffre qu'il faut répondre. Mais pour bien comprendre ces choses, pour recevoir dans toute sa fórce l'impression de l'immense ville, pour deviner enfin la seule puissance qu'elle adore, c'est dans Broadway, dans Wall Street, au cœur même du quartier des banques et des spéculateurs qu'il faut aller.

De sept heures du matin à huit heures du soir, le subway qui y mène est impraticable. Sur les quais la circulation est impossible, la lutte de ceux qui entrent contre ceux qui sortent est inénarrable, et un étranger qui y pénètre est aussitôt pris dans les courants contraires, soulevé, enlevé, meurtri, mis en miettes et rejeté dans les escaliers, parmi la montée et la descente ininterrompue de gens pressés, escaladant les marches quatre à quatre.

Hurry up ! — l'important est d'aller vite. Ascenseurs, téléphone, tout est combiné pour gagner du temps. Les restaurants annoncent des « Quick lunchs for business men » — repas rapides pour hommes d'affaires — et devant Trinity Church, au bas d'une affiche indiquant les heures des offices, on peut lire ceci en grosses lettres : Short services for business men — courts offices pour hommes d'affaires.

Durant tout le jour, les rues sont pleines, les trottoirs roulent des flots de piétons en rangs serrés, qui se succèdent sans cesse et vont se bousculant toujours, avec l'avide désir de se dépasser et d'arriver premiers. Sur la chaussée les tramways se tiennent comme les wagons d'un interminable train. Tous sont bondés et le trop-plein des voyageurs déborde sur les marchepieds. Quelques rares voitures privées, mais

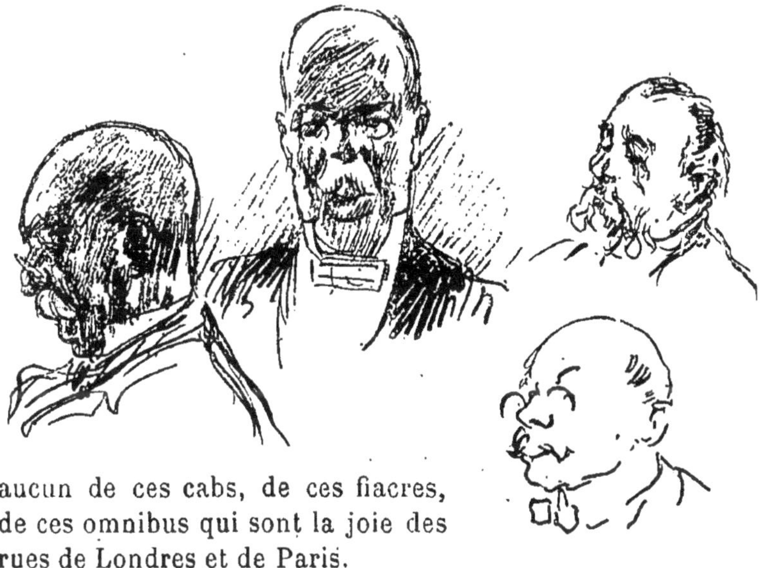

aucun de ces cabs, de ces fiacres, de ces omnibus qui sont la joie des rues de Londres et de Paris.

La foule est commune et sans pittoresque. Jamais rien d'éclatant ou d'imprévu, on regrette la vive tache rouge que ferait la tunique d'un soldat anglais ou l'éclat du casque et des armes d'un cavalier — on souhaiterait voir de place en place l'éventaire d'une marchande de fleurs ou la note claire d'une toilette.

Mais les femmes sont vêtues d'étoffes sombres, de chapeaux simples, de jaquettes et de manteaux sans ornements qui ne détonnent pas dans la masse terne et grise. Pour les hommes le costume est presque toujours le même, à peine deux ou trois formes différentes d'habits et de chapeaux — le riche banquier vêtu comme le simple clerk — il est impossible de distinguer les castes et les races. Une seule différence s'indique, celle des tempéraments : les lymphatiques et les bilieux, les efflanqués et les sanguins, les gras et les maigres. Mais sur toutes ces faces, dans tous les yeux se lisent la même volonté, la même énergie indomptable. On sent que tous ces êtres vont vers un but bien déterminé et que pour l'atteindre ils n'épargneront aucune peine, aucune fatigue, ne reculeront devant aucun risque, affronteront les dangers et les hasards et qu'ils vivent des heures ardentes dans cette atmosphère de combat.

Le décor est loin d'être banal. En suivant Broadway vous arrivez à un endroit où vous n'avez plus autour de vous que des sky-scrapers qui escaladent le ciel de leurs vingt-cinq, vingt-huit, trente étages : le Park-Row, le Federal, le Saint Paul, l'Evening Mail, le Postal Telegraph buildings, j'en compte jusqu'à trente-quatre bordant la large voie sur une longueur de quelques centaines de mètres. Formidables, énormes, gigantesques, sont

les seuls mots qui viennent à l'esprit. On n'a jamais rien vu de pareil, il semble que l'on est dans une ville faite pour des géants, tant paraissent petites et mesquines les fourmis humaines courant au pied de ces bâtiments excessifs.

L'intérêt de la spéculation a seul présidé à leur érection. On ne pouvait s'étendre en surface, il fallait gagner en hauteur, et quoique les somptueuses façades ruissellent de sculptures de marbre et de mosaïques, ces hautes maisons n'ont pas été construites dans le but d'être belles. Cependant une beauté émouvante s'en dégage, venue de la sensation de puissance et de force. C'est bien là le symbole des aspirations de tout ce peuple, de ses désirs, de sa foi et aussi de cette folie du « toujours plus grand » qui le possède.

Derrière les innombrables fenêtres, on ne distingue que bureaux, on devine des silhouettes penchées sur des appareils de téléphone ou des machines à écrire. Dans ces bâtisses il se brasse des affaires colossales, on jongle avec les millions, les chiffres forment des enfilades de mots qui n'en finissent plus. Voici par curiosité un extrait d'article de revue sur les chemins de fer américains. Je le donne seulement pour qu'à votre tour, vous sentiez les chiffres danser la sarabande dans votre tête et s'embarrasser dans leurs longues queues de zéros.

« Il y a sur le territoire des États-Unis 215,000 miles de voies ferrées, appartenant pour la plus grande partie à sept grandes Compagnies : Pennsylvania, Gould, Harriman, Hill, Vanderbilt, Rock Island et Southern Railway, 1,309,000,000 tonnes de marchandises et 715,419,000 voyageurs ont été transportés en 1904, les recettes étaient de 2,100,000,000 de dollars, soit 10,500,000,000 de francs. Un million et quart d'hommes sont employés dans ces colossales entreprises : il y a 53,000 mécaniciens, 55,000 chauffeurs, 40,000 conducteurs. Le nombre des machines en usage est de 47,000, il y a 40,000 wagons de voyageurs, 1,760,000 wagons de marchandises et le matériel mis en file formerait un train qui encerclerait le monde. Le prix des actions sur le marché est en chiffres ronds de 6,340,000,000 dollars, soit 31,700,000,000 de francs. Les sommes payées en dividendes aux propriétaires de ces titres ont doublé leur capital en cinq années. »

Mais le meilleur placement d'argent qui ait jamais été fait, est celui de Pierre Minuit, un gros Hollandais, qui, en 1626, acheta aux Indiens tout le terrain de l'île de Manhattan pour quelques fûts de rhum et des verroteries valant ensemble 24 dollars. On l'a d'ailleurs accusé depuis d'avoir roulé quelque peu les braves Peaux-Rouges.

A l'heure actuelle, 288 ans après cet achat, on estime que cette même étendue de terre vaut au moins 4,000,000,000 dollars, soit 20 milliards de francs et 24 dollars représentent maintenant le prix de 20 centimètres carrés au coin de Wall Street et Broadway.

Les loyers sont à des prix fantastiques, les sociétés financières, les banquiers, pour avoir leurs « offices » près du Stock Exchange et de la Clearing House, paient des fortunes. On m'a montré des bureaux loués 35,000 dollars par an et certaines maisons contiennent plus de mille offices.

Que ne donnerait-on pas du cimetière qui entoure l'église de la Trinité! Les morts qui dorment là ne se doutent pas quelles convoitises excite l'emplacement où reposent leurs pauvres os et est-il bien sûr qu'on ne les en délogera pas quelque jour? En attendant, le lieu est fort original, séparé seulement de Broadway par une grille de fer et entouré de tous côtés par des buildings dont les derniers étages dépassent encore la flèche de l'église voisine. L'aspect d'un jardin bien tenu — quelques monuments très simples et une quantité de pierres plates portant des noms et des inscriptions que le temps a presque complètement effacés. Cependant, de place en place on lit encore des bouts de phrases : « Rest in Peace », « Sweet Peace Be Thine » et ces promesses de paix et de silence sont de la dernière ironie dans un tel endroit parmi le tumulte infernal des trains, des trolleys-cars et de la foule humaine qui s'emmêle et s'écrase sur le trottoir d'à côté.

Je suis monté tout en haut d'une des plus hautes maisons de Broad Street, le ciel clair laissait voir très loin devant soi la rade, la haute mer, les deux bras du fleuve chargés de navires, Brooklyn et New Jersey. Derrière, New York étend à perte de vue un océan de toits plats et de cheminées d'où s'échappent d'innombrables colonnes de fumées blanches, car c'est une particularité de cette ville, de ne jamais voir son ciel sali de fumées noires ; des règlements de police défendent l'emploi du charbon de terre. On ne voit pas un seul arbre dans l'immense étendue que l'œil peut embrasser. Penché sur le gouffre

de la rue, on ne distingue plus qu'une masse noire grouillante, comme vue au fond d'un puits, on n'aperçoit que le flot

mouvant des épaules et le dessus des chapeaux allant dans tous les sens.

Quand sonne midi, de tout le quartier aux alentours, les grands immeubles vomissent par milliers hommes et femmes gagnant rapidement les restaurants avoisinants. Beaucoup prennent leurs repas debout, les yeux sur une liste de chiffres ou de papiers d'affaires; à tous moments on voit un homme se lever et aller consulter dans un coin de la salle une bande de papier que déroule un appareil automatique et sur laquelle s'inscrivent les cours des valeurs. Aucun ne semble faire attention à ce

qu'il mange. Quand et comment digèrent-ils? Voilà un mystère. A côté de cela, comparez les longs repas de notre province, les heures passées après le déjeuner, les coudes sur la table, à déguster les liqueurs et la fine-champagne, tout en racontant des histoires de chasse, et tenez pour certain que notre vieille civilisation a bien des charmes.

Ah ! la vie douce, tranquille, facile de notre pays, comme elle nous manque dès que cinq mille kilomètres nous en séparent, et comme on comprend l'attachement filial que lui conservent tous les Français installés ici. Pourtant en contact constant avec les Américains, parlant leur langue, vivant leur vie, ayant les mêmes préoccupations, les mêmes intérêts, ils ne s'assimilent jamais complètement et tous ceux que j'ai rencontrés gardaient l'espoir du retour et le considéraient comme la récompense de leur effort.

Il y a sur ce continent trop de machines, d'électricité, d'entreprises colossales, de millions remués à la pelle, dont nous nous soucions moins que de gaieté, de poésie, de toute la joie de vivre à laquelle nous sommes habitués.

Qu'importent les milliards d'un roi du caoutchouc, du pétrole ou d'autre chose, si pour amasser et conserver sa fortune il lui faut mener l'existence d'un chien tournant une meule ; toute une vie passée devant des chiffres entre un téléphone et une machine à écrire.

Les Femmes d'Affaires. — Il y a aussi les « business women », et si nombreuses sont les femmes ou les jeunes filles à la tête de bureaux d'entreprises qu'elles ont organisées, qu'il y a maintenant un type bien déterminé de la femme d'affaires qui est de toutes les pièces et dans tous les romans. Pour mon compte j'en ai connu quelques-unes pendant mon séjour aux États-Unis.

Miss J... — Dix-neuf ou vingt ans, presque une enfant, spécule sur les terrains et les propriétés, achète, vend, loue, bâtit, traite des affaires considérables et est en train de faire une grosse fortune. — Une actrice, Miss S... est aussi sténographe-dactylographe, et a une agence qu'elle dirige pendant les loisirs que lui laissent son théâtre et les répétitions. — Madame S..., inhabile à la broderie et autres travaux féminins, ignorante du bridge, et ne sachant que faire de son temps, monte un restaurant pour femmes du monde, et quand après quelques années l'établissement est prospère, elle le vend pour un prix élevé, et remonte aussitôt une autre affaire.

Il y a des femmes architectes, ingénieurs, avocats, représentants de compagnies d'assurance, comptables, etc.,

c'est par centaines qu'on compte celles qui jouent à la Bourse, et presque tous les secrétaires qu'emploient les banques et les maisons de commerce sont des jeunes filles. Voici une histoire qu'on m'a donnée comme apte à devenir le type de ces derniers.

Miss Linsley était « typewriter » chez Wells Brothers. Elle n'avait été engagée que pour remplir cette modeste fonction. A neuf heures juste elle paraissait, très simple, toujours de noir vêtue, ses cheveux arrangés dans un nœud sur la nuque, avec, en toute saison, quelque fleur qu'elle posait sur sa table. Quand cinq heures sonnaient à Trinity

Church, elle se levait et s'en allait, à moins qu'un des patrons, restant plus tard, ne réclamât ses services. Elle envisageait chaque chose sans passion et s'acquittait de tous ses devoirs avec empressement et de façon aimable.

Wells aîné avait la vue si mauvaise, qu'elle était obligée de lui lire tout son courrier. Wells cadet, toujours pressé, lui laissait le soin de rédiger les lettres, dont il lui expliquait la teneur en termes brefs. Après quelque temps, Miss Linsley devint indispensable aux deux hommes. Elle connaissait tous les correspondants de la maison et leurs habitudes, se souvenait du moindre détail, et elle savait si bien régler les affaires que le comptable et le caissier ne s'adressaient plus qu'à elle quand arrivait quelque cas difficile. Elle avait sa manière spéciale d'arranger les papiers et les documents, et Wells junior lui laissait, maintenant, le soin de répondre aux lettres comme elle l'entendait.

Si le vieux Wells oubliait quelque chose, Miss Linsley était sa seconde mémoire. Enfin elle était devenue le centre cérébral du bureau; elle était vraiment Wells Brothers

Un matin elle ne parut pas à l'heure habituelle. On s'étonna, mais un « messenger-boy » apporta bientôt la nouvelle : Miss Linsley se mariait, et quittait à jamais le bureau. L'émotion fut intense. Le vieux Wells pleurait de vraies larmes tandis que son frère allait de long en large, à pas rapides, comme un inconscient, et que le pauvre petit comptable, tout blanc, le nez dans ses gros livres, semblait prêt à défaillir.

Les jours qui suivirent, la situation devint plus pitoyable encore. Wells aîné s'affaissait, n'était bon à rien ; son cadet tournait longtemps ses lettres d'une main dans l'autre ; le caissier et le comptable semblaient ahuris, et souvent dans la petite antichambre on entendait les sanglots étouffés de l' « office-boy ».

Il y eut un grand « excitement » dans le bureau quand un matin elle reparut, dans une fraîche et claire toilette, appuyée sur le bras de son mari. Elle sourit au petit groupe, accepta tranquillement leurs hommages, insista à leur montrer la place de certains papiers importants, et s'en alla, tandis que le vieux Wells lui caressait la main, en lui souhaitant toute espèce de bonheur.

Comment finit l'histoire ? demandai-je.

Le bureau traîna encore quelque temps, puis les Wells vendirent et se retirèrent des affaires. Je suppose qu'ils y avaient déjà pensé auparavant, étant d'un certain âge. Ils traînent maintenant, dans les villes d'eaux de l'Europe, une existence vide et pleine des regrets de Miss Linsley.

Il faut ajouter que tout ce que l'on m'a conté sur les typewriters n'avait pas ce tour moral et que nombreuses sont les tentatives de chantage et les mésaventures qui arrivent aux hommes d'affaires, se laissant prendre aux charmes de leurs séduisants secrétaires. Les aventurières ont la partie belle, car la loi américaine ne badine pas en cette matière ; il faut épouser ou payer.

Dimanches et Fêtes. — Un jour de repos hebdomadaire est nécessaire, sinon indispensable aux cerveaux surmenés, aux membres fatigués des hommes qui vivent dans la fournaise. Aussi les quartiers d'affaires, effroyablement vivants pendant six jours, sont complètement morts le dimanche. Il m'est arrivé maintes fois d'avoir à traverser le bas de la ville ce jour-là, et j'ai retrouvé la même impression de désolation que j'avais déjà ressentie dans la cité de Londres un jour de Bank Holiday.

Toutes les immenses maisons sont vides, les lourdes portes sont closes, les trottoirs sonnent creux sous les pieds. Aucune âme n'anime cette solitude, pas un cri, pas un son, seulement de temps à autre la large silhouette d'un policeman tourne le coin d'une rue, et pendant longtemps on entend le bruit de ses pas qui s'éloignent.

Dans Broadway, désert, passent à de longs intervalles des tramways vides de voyageurs ; les wattmen et les conducteurs semblent accablés par le calme du dimanche après l'activité prodigieuse qu'ils ont dû donner toute la semaine : très au loin la cloche d'une église tinte comme pour un glas ; tout cela évoque l'idée d'une ville morte ou abandonnée pour toujours, et l'on est saisi malgré soi d'un frisson d'épouvante, on veut fuir, et inconsciemment on accélère le pas pour gagner au plus vite une station du Subway ou de l'Elevated. Et là encore, où d'habitude la foule impétueuse s'entasse dans les trains, il n'y a plus sur les quais et dans les voitures vides que de rares employés, bâillant ou s'étirant en des gestes éreintés.

A part ce répit du dimanche, les jours de repos sont rares et les fêtes espacées. Aussi quand elles reviennent est-ce un débordement de grosse joie, un besoin de crier, de faire du bruit, le plus possible, la détente de grands enfants lâchés à leurs seuls instincts après des mois de contrainte et de « hard work ». Pour s'en faire une idée, il faut s'être trouvé dans la foule un soir d'élections, porté, soulevé par des bandes hurlantes, assourdi du vacarme des orchestres de foire qui passent sur des chariots, ébloui par des flammes de Bengale que l'on allume partout, les transparents électriques, les illuminations de toutes sortes.

Les banquets, les parades militaires, les processions, les meetings à l'occasion de la fête de l'Indépendance, le 4 juillet ou des anniversaires de George Washington ou de Lincoln, sont toujours prétexte à manifestations bruyantes, à un trop-plein d'excitation et de plaisir qui découle en des chants, des cris, des applaudissements, des « Hurrahs », dont nous ne pouvons imaginer la vigueur.

Les fêtes de Thanksgiving et de Noël sont surtout familiales. On organise des dîners, on décore les maisons ; à toutes les fenêtres pendent des couronnes de houx ornées de larges rubans rouges. Le gui et les cloches traditionnels sont accrochés partout. Les restaurants sont déserts, on vient de très loin pour assister au repas qui réunit autour de la même table toute la famille dispersée. C'est la fête de tout le monde, la plus longtemps escomptée et de beaucoup la plus charmante.

Les amateurs de tapage se retrouvent d'ailleurs à quelques jours de là, quand il s'agit d'enterrer la vieille année dans la nuit du 31 décembre.

Cette nuit même je me trouve dans Herald Square, au milieu de dix ou douze mille personnes qui attendent que minuit sonne à l'horloge

du Herald Building. Beaucoup sont munis de trompettes en fer-blanc, dans lesquelles ils soufflent à perdre haleine. Dès onze heures et demie une rumeur gronde au loin, qui vient, s'approchant et grandissant de minute en minute. Toutes les cloches des églises sont mises en branle, toutes les sirènes et tous les sifflets des navires, des usines et des trains meuglent à la fois, et quand l'heure solennelle sonne, et que sur la façade sombre 1906 apparaît en chiffres lumineux, le bruit est vraiment infernal et la joie délirante.

Certains êtres semblent pris de folie et hurlent jusqu'à ce qu'ils aient perdu le souffle, d'autres sortent des revolvers et tirent à blanc ; des centaines de chapeaux volent en l'air ; tout le monde s'embrasse et l'on n'entend plus que ces mots : « Happy New Year, Happy New Year ! »

On salue le voisin que le hasard a mis près de vous à ce moment, et c'est ainsi que j'ai vu un monsieur très élégant serrer chaudement la main d'une vieille marchande de pommes au coin d'un trottoir, et joyeusement tous deux se souhaiter une heureuse nouvelle année.

« Happy New Year », me dit l'employé du Subway tandis que je jette mon ticket dans sa boîte. « Happy New Year », me disent mes voisins dans le train. L'aimable phrase vole de bouche en bouche, et pour mon propre compte, en moins de trente minutes, on me l'avait adressée une centaine de fois.

Le lendemain matin on rencontrait encore dans les rues des bandes sortant des restaurants ou des clubs et soufflant toujours dans les trompettes de fer-blanc. Dans les halls d'hôtel on apercevait des hommes en habit de soirée vautrés dans de larges fauteuils qui sommeillaient attendant je ne sais quoi. Quand quelque client ou quelque employé heurtait leur siège en passant, ils n'avaient nulle amertume, ouvraient malaisément un œil et, la langue pâteuse, bredouillaient de leur mieux quelque chose qui voulait dire : « Happy New Year », et commandaient un dernier whisky and soda.

Les Journaux. — Une chose étonne dès qu'on a mis le pied sur la terre américaine : c'est l'importance qu'y tiennent les journaux. Tout le monde en lit, et plusieurs par jour. Ils sont énormes comme toutes les choses ici — douze, vingt, trente pages, encore augmentées par de nombreux suppléments. Arts, sciences, sports, religion, politique, finance, diplomatie, vie mondaine et cent autres rubriques y sont traités tous les jours par des rédacteurs spéciaux.

A part le « Herald » qui s'imprime dans un palais de la Renaissance italienne, au coin de Broadway, la sixième avenue et la trente-quatrième rue, les journaux de New York ont presque tous leurs offices dans la basse-ville, principalement dans le quartier de Park-Row, où ils occupent des édifices immenses qui portent leur nom. Voici le « Tribune Building », colossale bâtisse en briques rouges, surmontée d'une haute tour, l' « Evening Post Building », le « World Building » dont le dôme doré brille haut dans le ciel, et tous les différents buildings où se confectionnent et s'impriment cent autres feuilles.

Il y a une petite place appelée « Printing House Square » au milieu de laquelle est une statue poussiéreuse de Benjamin Franklin qui est considéré comme le patron des journalistes. Cet endroit est à New York ce qu'est la rue du Croissant à Paris. Toute la journée c'est un va-et-vient pittoresque de voitures et de gens partant au galop distribuer le papier fraîchement imprimé ; des news-boys qui s'en vont dans toutes les directions hurlent les dernières nouvelles « The latest news ». Le public américain a la rage de les connaître ; il les lui faut toutes, celles du pays et du monde entier, et nous ne pouvons pas soupçonner le rôle que jouent les informations dans la vie de ce peuple.

Les journaux d'Europe sont surtout dévoués aux articles politiques bien écrits et aux feuilletons, les nouvelles y tenant une place secondaire. Il n'en va pas de même ici, l'important est de faire connaître aux lecteurs la plus grande quantité de faits aussi complètement et aussi vite qu'il est possible. Cet état de choses a créé une classe de reporters qui sont les plus habiles du monde. Ils dépensent des prodiges d'astuce et d'énergie à être les premiers informés, et les récits de leurs aventures sont passionnants et amusants comme des histoires de chasse ou des contes de détective.

Quand le président Mac Kinley fut assassiné, alors qu'il

visitait l'Exposition de Buffalo, un reporter qui se trouvait près de lui saisit le téléphone, envoya le message au bureau de son journal et arracha les fils pour rendre l'appareil inutile, si bien qu'aucune autre feuille n'eut de nouvelles pendant les vingt minutes qui suivirent.

La maladie et la mort du pape Léon XIII ont demandé une habileté extraordinaire pour recueillir des nouvelles. Le ministre italien des télégraphes avait prévenu que, par courtoisie à la cour papale, il défendrait la transmission des télégrammes annonçant la mort du Saint-Père pendant deux heures après l'issue fatale ; de sorte que le cardinal Rampolla pourrait d'abord faire parvenir la nouvelle aux nonciatures à l'étranger.

Mais les agences américaines avaient pris les devants. Dès que le pape fut mort, un domestique du Vatican téléphona une phrase dont le sens était compris seulement par les reporters. Un code télégraphique avait été fabriqué qui pouvait être envoyé par toutes les lignes de câble. La nouvelle arriva ainsi à New York neuf minutes et à San Francisco onze minutes après que le pape cessa de respirer, et Berlin, Londres et Paris furent informés par le bureau américain.

Après la mort, suivit le conclave pour l'élection du nouveau pontife. Toutes les précautions furent prises pour garder le plus profond secret. On construisit un mur en briques autour de la salle des réunions, mais là encore les reporters américains avaient tout prévu, et un des gardes nobles était à leur solde.

Les listes du linge expédié au blanchissage, les ordonnances des médecins envoyées aux pharmacies, contenaient en langage secret les plus sûres informations. L'élection de Pix X eut lieu à onze heures du matin à Rome, et la nouvelle fut reçue si promptement aux Etats-Unis qu'en comptant la différence de temps, elle put être imprimée dans les journaux de San Francisco paraissant à sept heures dans le matin du même jour.

Pendant la course internationale des yachts pour la coupe de l'America, on a recours à la télégraphie sans fil. Des stations sont installées à Long Island et sur la côte de New Jersey, et un navire à marche rapide muni d'appareils Marconi suit les coureurs. Un reportage de cette sorte coûte 25.000 dollars.

Pour le désastre de la Martinique, les frais se sont élevés à 30.000 dollars, mais les journaux américains étaient encore là arrivés premiers.

Des choses à lire ce sont les annonces. Il y en a de divertissantes au possible et un seul regard dans une des

nombreuses pages dévouées aux changes ou aux « miscellaneous » vous fait découvrir des perles dans ce genre ;

— On désire échanger un corset presque neuf contre un chat-tigre. Adresse T. B. 245 Herald Down Town.

— A échanger « Black Beauty », fameux cheval de course, contre une peinture ancienne, portrait de femme de préférence. Demandez Tom William's Stables. 4046 West 27th st. de 4 h. à 7 h. excepté mardi.

— La dame en blanc portant un chapeau avec des camélias rouges qui est descendue de l'Elevated à Chatham Square le 19 novembre à 9 h. 32 voudrait-elle communiquer avec le gentleman qu'elle a bousculé en descendant ? Objet : Mariage.

M. W. me racontait que, pour faire une farce, un de ses amis avait envoyé dans plusieurs journaux de New York une annonce disant qu'un gentilhomme romain de vieille souche désirait offrir son cœur et sa main à une héritière américaine. Il reçut plus de deux cents réponses. La plupart des correspondantes voulaient savoir si, étant donné le titre du mari en question, elles seraient invitées, père et mère compris, à tous les bals et dîners donnés par le roi et la reine d'Italie.

Les journaux humoristiques ou satiriques ne sont pas très nombreux, et quoique d'une confection supérieure, quant aux moyens de reproduction, aux papiers et au tirage, je les ai trouvés inférieurs comme esprit aux publications similaires de France, d'Allemagne ou d'Angleterre.

Les dessins sont admirablement exécutés,

mais sans charme, sans grâce, sans émotion. Les légendes sont lourdes ou sans intérêt. Ce sont des nouvelles à la main sous des illustrations quelconques. Les niaiseries sentimentales abondent, les amours joufflus sont mis à toutes les sauces. On les voit grimper dans les ascenseurs, s'asseoir sur les sièges des automobiles à côté des « girls » gouvernant des yachts ; ils se servent du téléphone et de la machine à écrire et traitent de dollars comme des « business-men ».

Il y a un type d'homme et un type de femme que les dessinateurs répètent à l'infini. On les voit à table, au bal, au théâtre, en visite, courant à cheval, jouant au golf, se promenant dans la campagne, flirtant toujours, devisant de choses banales.

Le succès va encore aux mésaventures des nègres, des Irlandais et des « tramps », les voyous américains — aux dialogues d'animaux déguisés en hommes et aux millionnaires mariant leurs filles aux nobles étrangers décavés. Les caricatures politiques ne sont pas meilleures, et, sauf celles très remarquables et très fines de M. Kemble, ce ne sont généralement que de grossières enluminures.

Auprès de cela les grands magazines américains comme le Scribner's, le Century, le Harper's, le Collier's, le Mac Clure's, le Munsey et les autres sont de premier ordre. Les noms les plus aimés du continent voisinent avec ceux d'artistes originaires, tels que MM. John La Farge, le célèbre peintre Abbey, Dana Gibson, Jules Guérin, Leyendecker, C. H. White, Peixotto, Walter Taylor, A. I. Keller, Wenzell, Sterner, Jay Hambidge et cent autres qui éparpillent tous les mois leur talent dans les pages de ces revues que s'arrache le public. Le texte est à la hauteur des illustrations, et les soins apportés à la composition, à l'impression de ces publications en font certainement ce qu'il y a de mieux dans le genre.

Les Quais. — L'activité, la vitalité, la richesse de ce surprenant pays, on s'en rend encore mieux compte sur les quais débordants de mouvement, ou dans les rues de commerce qui y aboutissent. Celles-ci, enfermées entre deux rangées de maisons démesurément hautes, sont comme des corridors impraticables, remplis durant tout le jour du bruit assourdissant des camions qui roulent sur les chaussées mal pavées et des heurts des lourdes caisses qu'on charge et qu'on décharge continuellement. Il faut pour circuler là une habitude consommée et autant de sang-froid et d'endurance que pour une excursion périlleuse dans la montagne.

A quelque moment, vous vous trouvez sur un bout de trottoir large de vingt-cinq centimètres, entre un chariot dont les chevaux se cabrent et une trappe ouverte sur des caves, dans lesquelles on descend des marchandises à l'aide d'un treuil. D'énormes ballots passent tout près de votre tête. Il faut vous garer, car personne ne fera attention à vous ni ne viendra vous tirer du mauvais pas où vous vous trouverez ; — d'ailleurs, à quelques mètres plus loin, pareille mésaventure vous attend. Ce sont des tonneaux que des hommes roulent sur les trottoirs au risque de vous broyer les pieds, des piles de sacs qu'il faut enjamber, des enchevêtrements de ferraille au milieu desquels vous devez passer sans vous luxer les chevilles ou vous briser les tibias. Les jets de vapeur vous aveuglent, les bruits vous assourdissent, l'inscription « Danger » partout vous menace, et à chaque minute l'attrait du péril corse encore l'intérêt de la promenade.

Quelquefois sur une longueur de quelques centaines de pieds, le trottoir est remplacé par une simple passerelle, qui va au-dessus d'un chantier où l'on creuse

les fondations d'une maison à vingt étages. Malheur à vous si vous avez le vertige! Les planches disjointes sur lesquelles vous vous risquez sont fortement secouées par la trépidation des machines, et estimez-vous heureux si au milieu de votre course une forte détonation ne vous rend sourd ou fou pour quelque temps; le sol est de granit et il faut l'attaquer à la dynamite.

De grands marchés se rencontrent sur votre chemin. « Fulton market » où se vendent les poissons, les huîtres et les coquillages ; le « Washington market » où l'on trouve des montagnes de légumes et de fruits, des tas éclatants d'oranges, de pamplemousses, de bananes, d'ananas, de figues, arrivant par bateaux entiers de la Floride et du Mexique. Le Canada envoie là ses pommes et ses primeurs, la Californie ses raisins et ses énormes fruits. Il y a des potirons si gros que quelquefois deux hommes s'unissent pour en porter un seul. On passe difficilement entre des amas de « squash », de concombres, de maïs vert, d'aubergines, des monceaux anormaux de pommes de terre, de carottes, de navets, et l'on redoute à chaque instant d'être pris sous une avalanche de céleris ou de betteraves dont les amoncellements énormes montent jusqu'au faîte de l'édifice.

Des voitures arrivent, s'emplissent ou se vident en un clin d'œil et repartent au grand galop. Méfiez-vous des charretiers américains. Ils n'accordent à la vie humaine qu'une importance relative et un écrasé — seulement intéressant pour les compagnies d'assurances — n'est jamais un obstacle à leur course furieuse.

Après avoir circulé pendant quelque temps dans le dédale des rues étroites, sans air et sans ciel, on débouche subitement sur le Parc de la Batterie et on éprouve une sensation délicieuse de soulagement et de liberté comme si l'on avait été longtemps tenu enfermé dans des caves.

Cette grande place est un des rares endroits de New York ou il y ait de l'espace, des arbres et des bancs. Là quelquefois les gens s'arrêtent, intéressés par l'arrivée ou le départ de quelque navire, ou simplement retenus malgré eux par l'admirable spectacle de la rade, par le merveilleux paysage de ciel et d'eau qui se déroule sous leurs yeux étonnés et ravis. J'ai passé des heures inoubliables, quand, à la chute du jour, le soleil jette une pluie de paillettes sur l'eau moirée, fait flamber les milliers de fenêtres et rougir encore les hautes façades de briques des « buildings » ; quand la lumière atteint son maximum d'intensité, baigne toutes les choses dans la poudre d'or et semble donner son dernier effort dans sa lutte contre les longues ombres bleues qui gagnent, gagnent du terrain et s'allongent indéfiniment.

Mais aujourd'hui, par ce temps gris et sombre la bise souffle, de gros nuages courent très vite dans le ciel bas, la mer est là, clapotant à nos pieds, s'acharnant à secouer les lourds pieux des estacades, déferlant quelquefois presque sur le trottoir. On pourrait se croire en Hollande si ce n'était le va-et-vient incessant des bacs de New Jersey ou de Brooklyn.

Là-bas, près des bâtiments de la douane et de la navigation, une foule pittoresque appelle notre attention. Nous approchons : ce sont des émigrants qui viennent de débarquer. Ceux-ci sont des pays du soleil, Grecs, Levantins,

Roumains, Arméniens, Italiens du sud; les hommes dépaysés et mal à l'aise dans des complets et des pardessus achetés avant leur départ et quelque peu défraîchis par le voyage; — les femmes encore vêtues des costumes de leurs pays; foulards, châles, couvertures, tabliers, jupons, de couleurs criardes qui détonnent piteusement dans tous les gris nuancés de cette matinée de décembre. Leurs bagages encombrent le trottoir et forment un amorcellement de paquets mal ficelés, de caisses défoncées, d'emballages grossiers, de malles sans couvercle laissant passer les misérables nippes parmi lesquelles on retrouve des outils, des ustensiles de cuisine, des bouteilles de toutes formes, d'autres vagues choses dont on ignore l'usage, mais dont s'embarrassent les pauvres gens en voyage.

On vient de les lâcher après les avoir examinés sur Ellis Island, et c'est leur premier pas sur la terre américaine. Leur première impression doit être plutôt pénible, car blêmes abattus, encore hébétés par la longue traversée, transis, glacés par le dur vent de l'est contre lequel leurs minces habits les protègent à peine, les misérables créatures roulent des regards apeurés, discutent longtemps entre eux, incapables de se faire comprendre ou d'être compris des policemen qui veulent les faire circuler. De petits enfants pleurent dans les bras de leurs mères ou accrochés à leurs jupes.

A la fin, du lamentable troupeau une bande se détache et envahit un tramway, — d'autres groupes les imitent, et les voilà partis de tous côtés, entraînant les enfants et le bagage. Lancés dans leur nouvelle vie et dans la lutte, que deviendront-ils? Trouveront-ils le travail rêvé? l'emploi de leurs forces? Seront-ils un jour des millionnaires? ou périront-ils dans le lit d'un hôpital ou d'un asile? Reverront-ils jamais leurs patries, leurs villages, les paysages où ils ont vécu jusqu'alors? Qu'importe! Pour l'instant comme ils doivent regretter le ciel bleu et doux de leur pays, comme ils doivent maudire l'homme et la mauvaise étoile qui les ont jetés là sur cette terre lointaine par cette glaciale journée d'hiver!

Plus loin, dans la direction du Pont de Brooklyn, des bateaux de toutes sortes et de toutes provenances amènent

ou emportent les produits les plus variés. Voici des grands vapeurs qui vont à Halifax, Boston, Providence ou New London. Ceux-ci sont différents d'aspect de nos bateaux d'Europe. Ils s'élèvent à deux ou trois étages hors de l'eau ; à l'arrière, de grandes plates-formes sont disposées pour la promenade. Ils sont munis de deux cheminées placées côte à côte, et les balanciers de leurs machines se dressent bizarrement au-dessus du pont aménagé avec un grand luxe et contenant un nombre considérable de cabines confortables; ils peuvent prendre jusqu'à deux mille passagers.

A côté se trouvent les grands voiliers, des stations de remorqueurs, des chantiers, des machines à mâter, des cales de carénage. De place en place on a construit de larges « piers » de récréation où l'été la population pauvre peut prendre un peu d'air frais et fuir pour quelque temps l'atmosphère empoisonnée des rues étroites et des tristes maisons.

Le quai est bordé de magasins, d'entrepôts, de « quick-lunchs » et surtout de « saloons » et de brasseries où s'entassent des hordes de débardeurs, de charretiers et de matelots. Il y a encore des hôtels modestes pour les marins, des boutiques de coiffeurs et de marchands de tabac devant lesquelles veillent des statues d'Indiens à l'affût, grossièrement sculptées et odieusement bariolées.

De l'autre côté de la Batterie est l'Aquarium, un des plus intéressants établissements de ce genre qui soient au monde, et certes plus curieux pour nous que celui de Naples qui passe pour extraordinaire. La salle est sombre, la lumière arrive au travers de l'eau glauque des cuves où s'ébattent des poissons étranges, venus du Pacifique ou des mers du

Sud, totalement inconnus dans nos eaux. On retrouve les monstres à larges gueules, les bêtes apocalyptiques des estampes d'Hiroshigé et d'Hokusaï. Leurs peaux sont tigrées, zébrées, mouchetées, couvertes d'arabesques dont les couleurs forment des accords comme aimait à en composer Whistler : vert et argent, brun et or, gris et rose,

bleu et noir. Il est difficile de quitter l'endroit, tant est grande cette fête pour les yeux amusés de formes imprévues, de mouvements harmonieux, de tons si délicatement nuancés.

Plus au nord commencent les docks et les piers des ferry boats et des grandes compagnies de bateaux : l'American Line, la Red Star Line, l'Old Dominion Line, la Compagnie Transatlantique, la White Star, la Cunard.

Sous les halls d'embarquement, c'est un mouvement, un brouhaha fantastique. Les bagages et les colis arrivés jusqu'à la dernière minute, font un encombrement dont on ne se fait que difficilement idée, et, comme il faut les charger quand même, une fièvre prend les hommes qui les remuent et les empilent. Des treuils à vapeur soulèvent en grinçant des grappes pesantes de malles et de caisses, qui s'engouffrent dans les profondeurs des cales. La machine halète, prête à s'élancer pour la longue traversée, son souffle profond domine tous les autres bruits.

Sur le quai, des landaus et des « cabs » amènent à chaque instant de nouveaux partants. Les « stewards » s'emparent des valises et des couvertures, des « messenger-boys » traversent les groupes en courant, apportant des dépêches ou des fleurs. Le navire est envahi par la foule des passagers qu'accompagnent des cortèges de parents et d'amis. Des gens se cherchent, s'appellent, se retrouvent, se serrent les mains, se disant « adieu » et « au revoir » dans toutes les langues.

Quelques minutes avant l'heure du départ, une cloche sonne, et à ce signal les personnes étrangères au bord se précipitent à terre. Puis les passerelles sont enlevées, la sirène mugit deux fois, les amarres sont larguées et doucement le grand bateau quitte son « pier ». Encore des « good bye » et des cris, des mouchoirs agités, un coup de sirène et le voilà parti.

Peu de temps après, à quelques pas de là, sous un autre hangar c'est, au contraire, à un spectacle d'arrivée que vous pouvez assister et jouir de la cohue pittoresque des « expressmen » et des cochers offrant leurs services ; des policemen

tàchant d'établir l'ordre ; des « reporters » prenant des interviews ; des centaines de malles ouvertes pour l'examen minutieux des douaniers qui fouillent, palpent, et retournent leur contenu, au grand tourment des nouveaux débarqués qui ne peuvent malheureusement pas se soustraire à cette visite.

Tout un coin de France apparaît quand, sous le hall de la Compagnie Transatlantique, arrive un de ses bateaux. Patois et accents connus frappent joyeusement votre oreille. Ce sont des « Bonjour, chère Madame » et des « Comment vas-tu, ma vieille? » On retrouve là tous les types habituels de Paris et de nos provinces ; gens du monde et artistes, ingénieurs et négociants, acteurs et professeurs, couturières et modistes, garçons de café, cuisiniers ; des prêtres aussi qu'on reconnaît malgré leurs habits civils.

Je me souviens encore d'un groupe de bonnes sœurs, absolument affolées par le mouvement et le bruit, serrées les unes contre les autres sur un coin du trottoir ; les pauvres femmes, n'osant risquer ni un pas ni un geste, roulaient des yeux de poules effrayées par l'orage.

Après la treizième rue, les « piers » sont beaucoup plus espacés. On trouve alors de longs embankements où des bateaux à voile et des barges débarquent leurs chargements de bois, de charbon, de pétrole, de pierres, de plâtre, de briques, etc. Une ribambelle de gamins, venus là pour recueillir le charbon qui tombe des charrettes, se ruent et se battent pour conquérir leur proie. Entre temps les agiles garçons escaladent les barrières, s'élancent aux derrières des voitures, s'accrochent aux wagons en marche, passent sous les ventres des chevaux, ou bien, sautant dans les bateaux, se pendent aux cordages et grimpent aux mâts. Ils mettent à ces jeux toute l'ardeur, la témérité, l'amour de l'aventure qui caractérisent la race.

J'assistai un jour à une partie de dés, où, les sous manquant, les enjeux étaient figurés par des boutons. Je remarquai un « boy » d'une dizaine d'années que la guigne pourchassait. Il perdait toujours, et à chaque nouvelle partie il était obligé de faire de larges emprunts à son costume. Tous les boutons de la veste y passèrent, puis ceux du gilet, et il ne lui en resta bientôt plus qu'un, tenant son pantalon. A ce moment il fit un geste de se retirer, mais un de ses camarades lui ayant crié : « Cold feet » (capon), il n'hésita pas, l'arracha, joua, et perdit. Je le vis s'éloigner, cherchant par terre le bout de ficelle qui dorénavant attacherait ses vêtements, quand subitement il revint sur ses pas, — il y avait encore sur le haut de sa casquette un bouton d'or qui en était le plus bel ornement. Il l'avait oublié. Ce ne fut qu'après l'avoir perdu qu'il partit en sifflant, retenant des

deux mains sa culotte que rien n'empêchait plus de tomber sur ses pieds.

Un jour que trois de ces gamins me regardaient peindre, je leur demandai ce qu'ils comptaient faire dans l'avenir. Le plus grand, un solide garçon rose et blanc, certainement fils d'Allemand, voulait être pompier. Le second fondait de grandes espérances sur le commerce des chiens — à moins qu'il ne réussît dans la politique. Le troisième me dit simplement : « Pourquoi penser à cela? je serai peut-être mort avant. » (Hgh! I might be dead before then.)

A hauteur de la trente et unième rue s'élèvera bientôt la grande station du Pennsylvania Railroad. Ce sera, paraît-il, la gare la plus grande et la mieux aménagée du monde. Les trains qui s'arrêtent présentement à New Jersey viendront jusqu'ici en passant sous le lit de la North River. Pour l'instant les chantiers sont dans une activité et une animation folles.

Sur la berge du fleuve il n'y a à cet endroit que des dépôts de charbon, de sable, etc. C'est sur cette rive désolée qu'un jour, au hasard d'une promenade, je rencontrai au milieu d'un terrain vague une extraordinaire bicoque, bâtie on ne sait comment et tenant debout malgré les lois les plus élémentaires de l'architecture. Cabane de Robinsons ou hutte de chiffonniers, c'était certainement l'œuvre rudimentaire d'hommes n'ayant à leur disposition, en fait de matériaux, que ce que rejeta le fleuve ou ce qu'ils purent trouver dans les décombres et les décharges publiques : bouts de planches, fonds de barriques, morceaux de métal, lambeaux de cartons. Un invraisemblable tuyau, tenu par des ficelles, émergeait du toit; il y avait un vague projet de fenêtre, et sur quelque chose qui voulait ressembler à une porte on lisait ces mots : « Simple Life Club. »

Autour de la bizarre baraque une bande d'hommes en chemises décolorées et jaquettes piteuses regardaient paresseusement passer les bateaux sur l'Hudson, ou lisaient des

journaux, le dos au soleil. Un « surveyor » qui se trouvait là me renseigna sur l'étrange réunion. C'était vraiment un club de pauvres diables, dégoûtés de l'action et de la lutte, qui avaient réduit leurs besoins à la plus simple expression,

et passaient là, doucement, une vie exempte de tous soucis. Pour l'instant ils étaient une dizaine que le « surveyor » me désigna au fur et à mesure. Le président d'abord, un vieil homme fort sale du nom de John Brady, fondateur du club. Puis, un ex-charpentier qui cherchait dans la vie contemplative l'oubli de nombreuses mésaventures conjugales; Monsieur Mc Dooley, un inventeur incompris; Pat Sullivan, homme de tempérament ayant un plan de conquêtes coloniales que personne encore n'avait pu concevoir; un marchand de peanuts que la spéculation ruina, puis deux ou trois créatures insignifiantes que caractérisaient seuls leurs nez rouges et leurs yeux de poissons, et l'impression qu'on avait, qu'ils allaient à l'instant retomber dans le sommeil léthargique où ils devaient être plongés depuis des mois, semblait-il.

Passionnés de politique et habitués à pérorer, ils jouissaient de l'estime du policeman qui les protégeait, car ils étaient des électeurs influents. L'un d'eux se vantait même d'avoir voté huit fois dans la seule matinée pour le même candidat, et devait à ce glorieux fait son surnom d'« Election Jim ».

Bien fournis de bière par le « boss », empruntant aux chantiers de charbon une quantité suffisante de combustible pour tenir une bonne chaleur dans leur cambuse, absolument débarrassés des inquiétudes et des préjugés qui empoisonnent la vie des autres hommes, les membres du « Simple Life Club » n'avaient plus qu'à laisser couler tranquillement le cours de leurs jours.

Aussi bien ils regardaient, avec contentement, rouler les nuages d'or du couchant; suivaient dans un intérêt croissant le mouvement des marées; notaient le passage des bateaux et des barques et n'interrompaient leurs observations que pour se lancer dans de hautes considérations politiques, économiques ou sociales.

Seul le marchand de peanuts, poussé par l'esprit d'entreprise qui le tenaillait, rôdait au bord de la rivière, guettant quelque épave jetée par le courant, et escomptant la chance d'un macchabée qu'il ne trouvait jamais.

« Voyez-vous, Monsieur », me disait le surveyor, « ils ont trouvé le vrai bonheur, puisque cela leur suffit. Le club a des demandes d'admission plus qu'il ne dispose de places, et je connais dans le quartier des tas de bougres tout prêts à sacrifier « home and mother » pour pouvoir ajouter M. S. L. C. — Membre Simple Life Club — sur leurs cartes de visite. »

Mais n'est-ce pas que c'est drôle, cette rencontre au pays des milliardaires?

En suivant toujours le cours du fleuve, ce sont encore des « piers » et des « embankements », jusqu'à l'endroit où commence le « River Side Park », large promenade plantée de beaux arbres sur le bord de la rivière, de la 86e rue à Fort Lee Ferry, soit la 130e rue, sur une longueur d'à peu près six kilomètres.

Des clubs de yachting et des boat houses s'aperçoivent au travers des futaies. Sur la hauteur s'élèvent tout le long de River Side Drive, et regardant l'Hudson, quelques-unes des plus magnifiques résidences de la cité, comme celles de Charles Schawb, un roi de l'acier, l'hôtel de L. Rice et la demeure de l'évêque Potter, près du monument aux soldats.

De ceci les New-Yorkers sont très fiers : c'est un petit temple de marbre blanc, très blanc, trop blanc, avec un portique de colonnes corinthiennes et une frise composée d'aigles. Les chars à bancs du « Seing New York » déversent ici chaque jour des centaines d'excursionnistes qui lisent consciencieusement les inscriptions, admirent toutes choses, mais sont surtout retenus par le bel écho que vantent leurs guides.

Un autre sujet d'orgueil des habitants est le tombeau du

général Grant, à l'extrémité nord du Park, dans une admirable situation dominant l'Hudson. C'est un mausolée de granit composé d'un soubassement et d'un dôme pointu reposant sur des colonnes ioniques ; l'intérieur est dans le goût du tombeau de Napoléon aux Invalides. Au milieu, la crypte ouverte montre le sarcophage du général et de sa femme. Aux murs des hauts reliefs reproduisent les grandes scènes de la vie de l'homme illustre.

Tout ceci produit un gros effet et impressionne vivement les visiteurs, de tous côtés partent des « Grand ! Magnificent ! Beautiful ! » Le jour où je l'ai visité, je m'y trouvai en même temps qu'une vieille dame venue de l'Ouest. elle était dans le ravissement, et sans doute parce que je ne témoignais pas un enthousiasme assez exubérant, elle s'adressa à moi ainsi : « N'est-ce pas là la plus sublime chose que vous ayez jamais vue auparavant ? » Je répondis en effet que c'était très émouvant. A mon accent elle me reconnut pour un Français, je dus descendre de quelques points dans son estime, mais il n'en parut presque rien et elle ajouta : « I know Paris is a big city but you havn't got anything as fine as this there. Have you? » (Je sais que Paris est une grande ville, mais n'est-ce pas que vous n'y avez rien d'aussi beau que ceci ?)

Elle me dit encore bien d'autres choses, car elle aimait à discourir sur la grandeur de son pays. C'est ainsi que j'appris que New York, énorme agglomération cosmopolite, n'était pas le vrai type de la grande ville américaine : la « boss city », c'était Chicago. Il y a là plus de palais, de larges avenues, de skyscrapers, de magasins et de dollars que dans aucun autre endroit du monde. Les écoles, les églises, les théâtres, les journaux, sont ce qu'il y a de mieux sur notre petite planète. Et toutes ces merveilles se lèvent de terre comme par enchantement, la ville n'existant que depuis une trentaine d'années.

Mon interlocutrice devait être convaincue qu'une intervention divine secondait l'énergie de ses concitoyens, car souvent dans ses phrases elle remplaçait le nom peu euphonique de Chicago par quelque appellation comme « God Almighly's city », la terre du Dieu tout-puissant.

Un tel pays ne pouvait être habité, vous le pensez bien, que par des êtres privilégiés, forts, braves, galants, bien élevés et roulant tout le jour en automobiles. Pauvres petites vieilles choses que nous sommes de l'autre côté de l'eau, ne gardons pas d'illusions, les seuls et vrais gentlemen qui soient encore au monde sont tous à Chicago. C'est une vieille dame qui me l'a dit, d'une voix nasillarde et monotone, mais convaincue.

Central New York. — La trentaine de blocks qui, de la 14e rue à la 42e, forment la portion centrale de New York sont occupés par des grands magasins de nouveautés, des galeries, des boutiques de toutes sortes, des églises, de grands hôtels, des théâtres et des clubs. Broadway toujours large et bruyant passe près des trois grands squares de la ville : Union, Madison et Herald squares.

Union Square est une grande place ornée des statues de Washington, Lincoln et Lafayette. C'était autrefois le centre des hôtels, c'est maintenant la limite du quartier des affaires. Dans Madison Square, on est vraiment au cœur même de la ville. Ici Broadway coupe diagonalement la 5e avenue et à l'intersection des deux grandes voies s'élève sur un terrain triangulaire ayant la forme d'un fer à repasser, le plus svelte, le plus hardi « égratigneur de ciel » de New York : le Flat Iron Building (bâtiment du fer à repasser). Aucun autre « skyscraper » ne m'a tant étonné et aussi tant charmé que cette claire et téméraire haute tour de 20 étages. Je ne sais rien ici d'aussi simple, d'aussi beau, d'aussi émouvant. Le jour, dans le soleil, il s'enlève si joliment au-dessus des maisons qui l'environnent. La nuit, tout noir sur le ciel sombre, sa silhouette apparaît fantastique et démesurée, sans que, toutefois, jamais ne vienne à votre esprit une comparaison avec les donjons romantiques qu'imaginèrent Victor Hugo et Doré. Oh! l'on est bien sûr qu'il n'y a pas là de princesse prisonnière ni de méchants chevaliers. Ce ne sont point d'attendrissants contes de fées qu'évoquent les simples et fortes lignes qui dessinent les contours. Oh non! on se sent pris par l'altière beauté de ceci, par l'harmonie des proportions, par le « style », car il s'agit d'une manifestation d'art, un type nouveau d'architecture que les Américains créèrent et amenèrent ici à la perfection. Le « Flat Iron » est entièrement occupé par des bureaux, et il est fort possible d'accéder aux étages supérieurs. La vue de là est magnifique. Le jour où je m'y trouvais était un jour de tempête et le vent ricochant sur les hautes parois de l'édifice décuplait sa force, enflait sa voix, menait un bruit d'enfer. On était littéralement assourdi et pour s'entendre il fallait crier à tue-tête. En bas on apercevait, luttant contre le terrible courant d'air, hommes et femmes empoignant leurs chapeaux des deux mains, tendant le dos, cherchant à fuir, éperdus, suffoqués, se cognant les uns dans les autres et ne sachant comment sortir de l'affreux tourbillon où ils se sentaient pris.

La foule ici change d'aspect. Les femmes y sont en majorité, mettant partout des notes claires et pimpantes, et la joie de rires frais et jeunes. Naturellement, elles aussi marchent vite vers le but assigné, mais, quand même, ne se précipitent pas comme à l'assaut, et ne vous bousculent qu'à peine. Il y a ici plus de grâce et de gaieté, et dans le ciel très bleu, avec la lumière chaude et vibrante d'un beau soleil, New York apparaît brillant, clair et lumineux.

Des hommes sandwiches déambulent lentement, distribuant l'adresse de quelque somnambule ou de quelque masseur suédois ; de gros nègres en habits rouges portent toute une page de réclame écrite sur leurs larges dos, et fichés sur d'énormes pieds dorment tranquillement aux coins des rues. Les balayeurs, les « street-sweepers », vêtus et casqués de blanc comme des coloniaux, passent allégrement au milieu du trafic des voitures et des tramways, que réglementent des policemen à cheval. Près des « saloons » les boot-blacks installent leurs hauts fauteuils et s'évertuent sur les chaussures de leurs clients, et quelquefois sur les places on voit arrêtée une roulotte dans laquelle grimpent lestement cochers, ouvriers ou petits employés. C'est là un « lunch-wagon » regorgeant de clientèle, car on y mange des sandwiches et des salades admirables, et on y boit, paraît-il, le meilleur café de la ville.

Des restaurants populaires ouverts jour et nuit, du lundi au samedi, jouissent aussi d'une grande faveur. Derrière la glace de la devanture on voit des cuisiniers nègres préparer des « buckwheat cakes », délicieuses crêpes de farine de sarrasin que l'on mange baignées de sirop d'érable, et qu'ils réussissent à merveille.

Les magasins, sauf quelques exceptions, sont loin d'égaler ceux de Paris comme aspect et comme élégance. On est vraiment frappé de l'air criard et sans goût des étalages ; les objets y sont jetés pêle-mêle sans autre souci d'arrangement. De larges affiches, en lettres hautes de deux pieds, barrent les vitres des devantures — Great bargains-Mark down sale — Don't miss it — accrochent quand même votre regard. Alors que dans nos rues le passant est sollicité par des vitrines dans lesquelles rien ne heurte l'œil, où les étoffes, les meubles, les cristaux, les orfèvreries, les bibelots, les plus chers comme les plus humbles objets, sont disposés avec l'intention constante d'exercer sur la vue une séduction caressante par l'arrangement des tons et des formes, on est ici constamment choqué par des amoncellements de choses disparates dont les couleurs se mêlent en d'effroyables cacophonies ; par des moyens de publicité barbares, de fantastiques affiches vantant telle ou telle marchandise d'une absurde manière, revenant toujours à ceci : Pour l'amour de l'argent achetez mon produit, et n'achetez que celui-là.

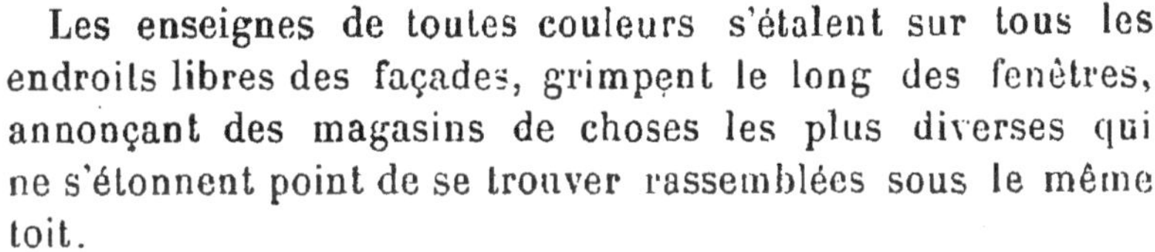

Un marchand de cigares ou de gomme à mâcher inonde la ville de son portrait en pied, souligné de ces mots en grandes lettres : « I Am John So and So the Pepsin Gum King. »

Les enseignes de toutes couleurs s'étalent sur tous les endroits libres des façades, grimpent le long des fenêtres, annonçant des magasins de choses les plus diverses qui ne s'étonnent point de se trouver rassemblées sous le même toit.

Des centaines de fois répétées sur tous les pans de murs les mêmes noms et les mêmes phrases vous obsèdent, et malgré vous dansent dans votre cervelle, — Omega Oil for rhumatism, Wilson whiskey that's all, Force breakfast food, The Owl cigar, Uneeda Biscuit — vous poursuivent partout, à la première page du journal que vous ouvrez,

sur votre programme au théâtre, et votre ticket de chemin

de fer, dans le tramway où vous montez ; et la nuit venue, dansent encore en lettres de feu à tous les carrefours de la ville.

Ces choses nous choquent, mais quand on en parle aux Yankees ils s'étonnent et trouvent que tout est pour le mieux dans leur ville, la première du monde. Ils vous disent que ce sont des raffinements que vous souhaitez, que cela viendra plus tard, mais que pour l'instant on n'a pas le temps, et on ne s'en soucie guère. Notre badauderie les amuse et les étonne. On court les rues pour aller aux affaires et non pour se promener et muser aux étalages. D'ailleurs, puisqu'il y en a quelques-uns très réussis, c'est la preuve qu'on pourrait en faire, et cela suffit.

On se met marchand d'horloges non pour faire œuvre d'art, mais pour en vendre le plus possible et gagner des dollars, beaucoup de dollars, le plus de dollars qu'on peut. Si auprès des horloges on trouve à monter une bonne affaire de casquettes, on installe les casquettes d'un côté de la boutique et les horloges de l'autre. Puis suivant la chance on y joint un commerce de tableaux ou de whiskey, et d'affaire en affaire, il n'est pas rare de voir au bout de quelques années l'horlogerie du début transformée en magasin de confitures et le propriétaire devenu un auteur dramatique connu, ou un grand conférencier et tout à fait un gentleman.

Je suppose que les grands magasins de la sixième avenue et la vingt-troisième rue ont dû commencer ainsi et de petites boutiques se transformer prodigieusement en ces bazars monstres à dix ou douze étages, occupant parfois tout un block, et bien faits pour flatter les goûts du moment, c'est-à-dire l'exubérance et l'exagération en toutes choses. Vous pensez bien qu'on y vend absolument tout ce qu'il est possible d'imaginer, depuis des bateaux à vapeur jusqu'aux terrains dans les cimetières, depuis les toilettes de soirées jusqu'aux automobiles, et au charbon de terre par wagons. Mais encore ils contiennent des restaurants pour douze cents personnes, des tailleries de cristal, des banques, des salles de conférences, et même, dans certains, jusqu'à des hôpitaux admirablement agencés et où on vous opère de l'appendicite ou de la pierre, aux prix marqués aux catalogues.

Pénétrez dans un de ces magasins, et là encore vous serez frappés de la différence qui existe avec ce qui se passe chez nous. Il n'est plus question de la politesse, de la déférence, de la hiérarchie de vendeur à acheteur, auxquelles nous ont accoutumés nos marchands. Nous sommes au pays de l'égalité, employés et employées vous répondent d'un air distrait ou ennuyé, s'occupent à peine de vous, ne cherchent pas à vous comprendre, si vous avez quelque embarras à expliquer ce que vous désirez. Ils vous servent, mais ne cessent pas pour cela la conversation entamée avec un collègue ou le refrain de l'opérette à la mode, qu'ils sifflent entre leurs dents.

Tout ce que j'ai acheté là coûtait deux, trois ou quatre fois le prix de Paris, et les objets fabriqués dans le pays sont généralement de qualité inférieure. Un jour que, furieux d'avoir payé cent cinquante francs une couverture de voyage qui en valait bien soixante, je me répandais en paroles amères, un Américain me consola ainsi : « N'est-ce pas la meilleure preuve que vous êtes dans un pays riche ? Trouvez-moi donc dans le monde une autre contrée où les gens aiment à payer 300 p. 100 sur la valeur des choses qu'ils achètent. Nous seuls, pouvons nous offrir cela. Le gouvernement frappe de droits de douane énormes les objets importés de l'étranger. Nous en sommes ravis, car c'est

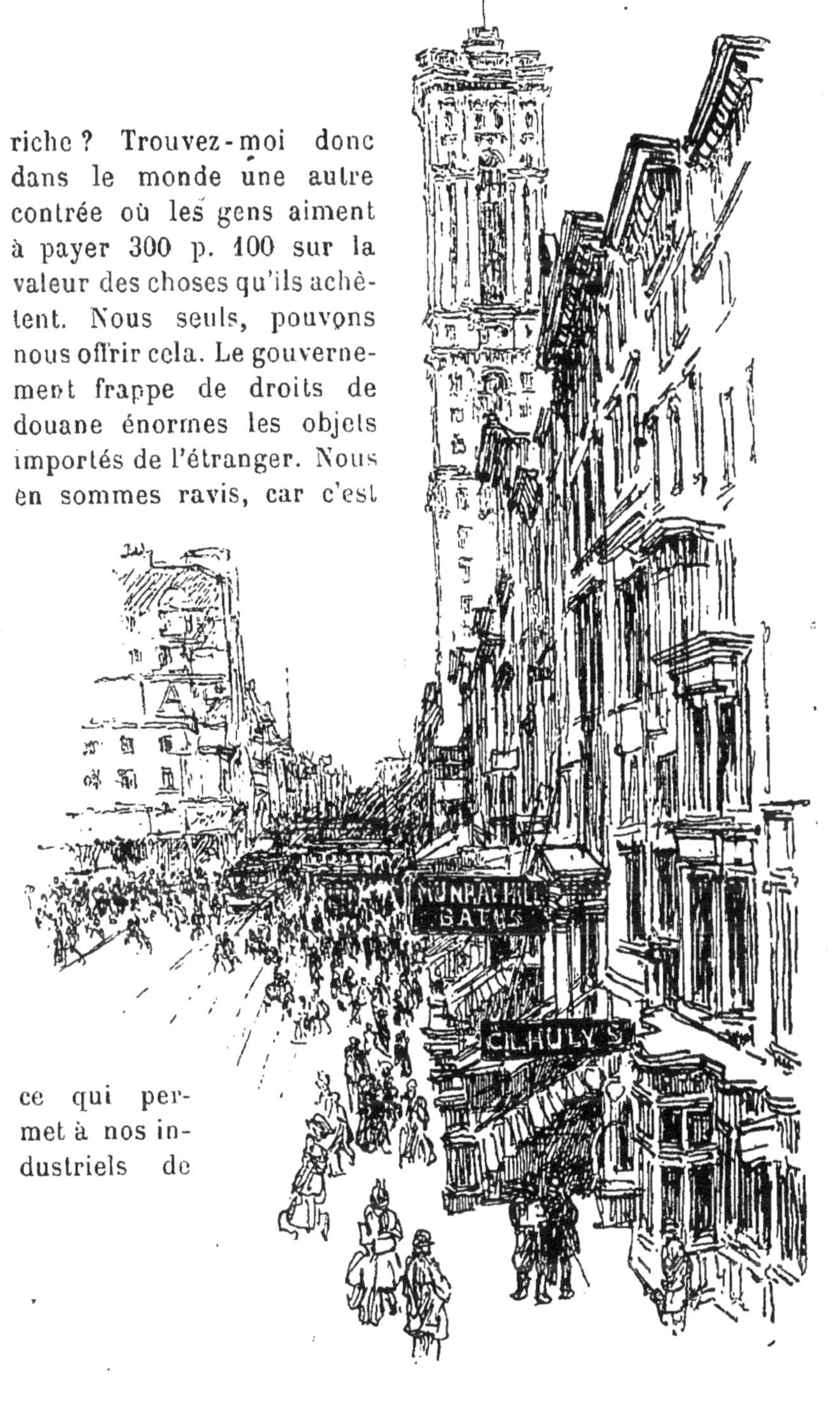

ce qui permet à nos industriels de

vendre les articles qu'ils fabriquent à un prix qui, je vous l'assure, se porte bien (a healthy price). Installez-vous ici, faites payer votre travail cinq ou six fois ce qu'on vous le paie en France, et vous verrez qu'alors il vous sera doux de donner un dollar pour un mouchoir de quinze sous. »

Les pharmacies, — les drug stores, — ont tout à fait l'air d'être des réductions de grands magasins mis á l'échelle d'une petite boutique. On y vend bien des drogues et prépare des ordonnances, mais ce n'est qu'une bien faible partie du négoce. On y trouve du papier à lettres, des cigares, des bonbons, des éponges, cent articles de toilette, des timbres-poste, des cartes à jouer, de la parfumerie, de la coutellerie, des tableaux. J'en ai même vu qui vendaient des oiseaux et des chiens. On y consulte le Bottin, on expédie ses lettres et ses télégrammes, on y téléphone surtout, et très souvent un notaire est attaché à l'établissement.

Tout un côté de la boutique est tenu par un large comptoir où des garçons en veste blanche, avec la dextérité d'escamoteurs, manipulent des bouteilles, cassent des œufs, remuent des sauces, secouent des mélanges qu'ils décantent et servent aux clients d'un geste automatique et grave. On y sert des mixtions étranges, des thés de bœuf phosphaté chauds, des bouillons de mouton avec de l'œuf battu, des soupes aux moules coupées d'eau de seltz, des ice cream soda, le fameux egg-nog, des citronnades compliquées et cent autres combinaisons redoutables. Il est défendu d'y servir des boissons alcooliques. Mais on tourne la difficulté en demandant des toniques dont la liste est longue. Les pharmacies restent ouvertes toute la nuit, certaines se vantent de n'avoir pas fermé leurs portes depuis quarante ou cinquante ans ; les saloons étant clos à minuit, elles sont naturellement le refuge des ivrognes en quête d'un dernier whiskey qu'on leur sert ici sous le nom et l'apparence de quelque médicament. Et quand le client a les jambes trop molles et la démarche malaisée, on a pour lui le redoutable « ammonia-shake-me-down », combinaison

d'ammoniaque, de citron et d'eau de seltz, remède souverain, mais combien énergique.

C'est dans les saloons que se discutent les combinaisons politiques ; le patron, « le boss », est une autorité qui sait remuer les opinions, préparer les votes et discourir de longues heures avec sa clientèle de « clerks » qu'il abrutit de whiskey.

D'autres boutiques s'intercalent entre celles-ci.

Des étalages de fleurs et de fruits éclatent en notes claires et joyeuses et s'avancent jusque sur le trottoir, voisinant avec des « dairies » où brillent sur les comptoirs de marbre les rutilantes jarres de cuivre pleines de lait. Souvent aussi se rencontrent des magasins d'appareils de photographie ou d'engins sportifs, d'armes et d'automobiles.

Les livres tiennent une si grande place dans la vie américaine qu'il ne faut pas s'étonner du luxe et des vermeilles d'installation des grandes librairies comme Scribner's, Dutton's, Putnam's ou Dodd Mead's. Les volumes qu'ils vendent sont admirablement faits et présentés sous un cartonnage ou une reliure simple, mais de goût sûr. On ne voit jamais de livres brochés.

Les soins qu'ils donnent à la composition et à l'ordonnance des pages, le choix des caractères, l'excellence de l'impression en font souvent de vrais chefs-d'œuvre typographiques, et comme les droits sur la propriété littéraire n'existent pas, il est facile de se procurer pour 25 ou 30 sous de charmantes éditions en français des œuvres de Zola, Maupassant, France, etc.

Les Américaines aiment à circuler dans ces vastes galeries, à feuilleter des bouquins, choisir des romans, regarder des gravures. Elles prennent à cela le même plaisir qu'à courir les grands magasins « for shopping » ou à croquer des bonbons dans les innombrables boutiques de confiseurs que l'on trouve à chaque pas en ce quartier. On n'imaginerait que difficilement la quantité de sucreries que peut absorber une Américaine. Voyageant entre Providence et Boston, je vis un jour deux jeunes femmes qui durant le court trajet vidèrent le contenu d'une énorme boîte de bonbons qui devait peser plus de cinq livres. D'ailleurs on n'offre jamais à une dame une boîte pesant moins que cela.

Une autre fois sur un bateau, trois fillettes avalèrent une telle quantité « d'ice creâm » que je m'alarmai et leur insinuai doucement que peut-être il résulterait d'un tel goûter des suites fâcheuses. Mal m'en prit, car l'une d'elles

H-O

se retourna et sèchement me dit : « A nice american girl never gets sick » (une vraie fille américaine n'est jamais malade). Et c'est bien la sensation que l'on a quand on croise à tout instant ces ribambelles de fraîches filles blondes et de belle taille, riant très fort, parlant très haut, marchant très vite, toutes soigneusement habillées, portant à la ceinture des bouquets gros comme des choux, couvertes d'extravagantes fourrures et empanachées de chapeaux exorbitants ; étonnantes combinaisons de plumes, de fleurs et de rubans qu'elles seules peuvent porter.

De cinq à six, dans Broadway, c'est l'heure passionnante ; les magasins et les bureaux se vident de tout un peuple d'ouvriers et de commis qui regagnent à bonne allure leurs lointains domiciles de Harlem, Brooklyn et New Jersey. Des bandes de modistes, de vendeuses, de dactylographes vont d'un pas rapide et rythmé. Les « clerks » arrachent des mains des « new-boys » les feuilles humides qui donnent les résultats du « base-ball » ou du « foot-ball ». Une foule de femmes élégantes sortant des matinées envahit les « candy-stores » pour boire du chocolat et manger des sucreries et des glaces. Au seuil des grands hôtels, des géants galonnés aident à sortir des cabs, des couples en toilettes de soirée qui s'engouffrent dans les vastes halls dorés.

Là-bas, très loin derrière la colossale tour gothique du Times Building, tout au bout de Broadway, le soleil se couche dans une apothéose, le ciel est tout rose, les fumées toutes bleues, les façades s'assombrissent. De tous côtés les lumières s'allument, piquant de milliers de points d'or les hauts cubes des maisons. Les affaires sont finies, l'heure des plaisirs commence. Bientôt une foule parée s'écrasera à la porte des théâtres, Broadway changera d'aspect. Les derniers « business-men » se hâtent vers les escaliers qui mènent aux stations souterraines du subway, et la gare du Grand Central dans la 42e rue engloutit tous ceux qui se dirigent vers les banlieues lointaines.

Que sera le paysage de New York dans dix ans ? c'est ce qu'il est bien difficile de précisèr. Jusqu'en ces dernières années la ville était couverte de constructions à quatre ou cinq étages, dans le genre des maisons à Londres. Il y a beaucoup de ces habitations aux étroites façades de briques brunes, percées de fenêtres à guillotine, et avançant sur la rue leurs petits portiques peints de couleurs claires et précédés d'une basse grille en fer. Mais la valeur excessive des terrains, dont le prix a décuplé, oblige les propriétaires à vendre leurs maisons à des spéculateurs qui, sur l'emplacement de deux ou trois, construisent des bâtiments de douze à quinze étages qu'ils transforment en magasins et en « flats » qu'ils louent à des prix élevés. De tous côtés s'élèvent des chantiers et la rapidité avec laquelle s'élèvent ces buildings tient du prodige. Sitôt les fondations creusées, à l'aide de la dynamite, les chariots apportent de lourdes poutres de fer que d'énormes grues enlèvent par-dessus les têtes des piétons. On les ajuste au fur et à mesure et bientôt se dresse une fantastique cage d'acier; puis des centaines d'ouvriers bouchent les vides avec de la pierre ou des briques, commençant à plusieurs endroits à la fois, si bien que quelquefois le haut et le bas de la maison sont terminés alors qu'entre eux, sur un vaste espace à jour, on aperçoit encore la fine armature des poutres.

On revêt les vestibules de mosaïques ; des peintures décoratives s'encadrent dans des boiseries d'acajou massif ; de hautes colonnes de marbre soutiennent les frontons de portiques monumentaux ; des vantaux de bronze savamment ouvragés ferment les larges portes, alors que tout en haut les épaisses moulures du toit ne sont plus que de zinc léger recouvert d'une couche de peinture. Le derrière de ces édifices présente une surface démesurée sans aucun ornement, percée de centaines de petites fenêtres carrées que relient les escaliers de fer des « fire-escapes » du plus curieux effet.

De place en place se dresse un harmonieux édifice de proportions plus restreintes, mais qui se trouve enfoncé, perdu, près de ses gigantesques voisins. Tels sont, en face de l'hôtel Waldorf, la banque de la Knickerbocker Trust Compagnie, et un peu plus haut la Windsor Arcade.

Les églises qui, partout ailleurs, dominent de leurs flèches le paysage environnant, sont ici encaissées entre les hautes murailles qui les entourent et disparaissent presque. Ainsi Grace Church, dans Broadway, une des plus riches églises de New York; l'église presbytérienne de Madison Square, qui fait un trou noir près du bâtiment neuf du Metropolitan Life ; l'église française du Saint-Esprit et l'église de la Transfiguration, que les habitants appellent « the little church around the corner » (la petite église du coin). Ce nom bizarre lui vient d'une amusante histoire :

Un comédien venait de mourir et ses amis avaient été trouver le pasteur d'une grande église de la 5e avenue pour lui demander de faire le service funèbre. L'homme grave leur répondit : « Nous n'enterrons pas d'acteurs dans notre église, mais adressez-vous à la petite église du coin, on enterre là toutes sortes de gens ». Depuis ce temps la petite paroisse est devenue renommée parmi le monde des théâtres, et c'est là que sont célébrés tous les mariages et les enterrements des comédiens.

De nombreuses communautés se partagent la population

de croyants. Eglises luthériennes, presbytériennes, protestantes épiscopales, méthodistes, baptistes, swedenborgiennes, universalistes, scientistes chrétiennes, quackers, etc., ont par toute la ville leurs temples ornés de fleurs, décorés avec luxe ; mais gardant tous le même aspect d'assemblée de gens d'affaires, réunis pour entendre le sermon d'un homme d'affaires à propos d'une importante affaire, promettant des dividendes fantastiques. Les mots « business » et « dollars » reviennent souvent dans la bouche du pasteur et de pareilles phrases ne sont pas rares : « No ! I bet you Our Lord doesn't do business like that. » (Non ! je vous parie que Notre Seigneur ne fait pas d'affaires comme ça.)

Et celle-ci, qu'un New-Yorker m'affirme avoir entendue dans une église de Brooklyn :

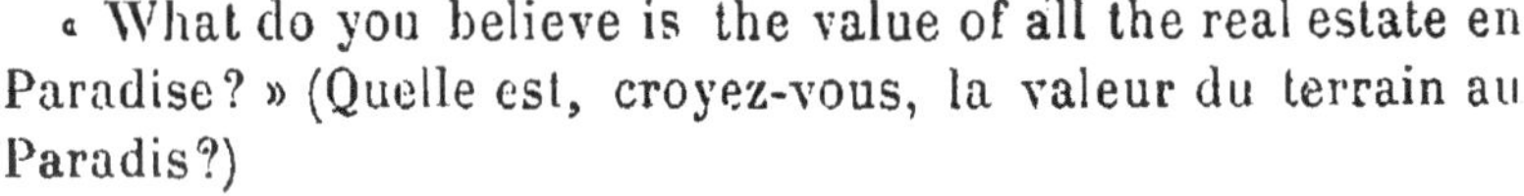

« What do you believe is the value of all the real estate en Paradise? » (Quelle est, croyez-vous, la valeur du terrain au Paradis?)

Mais que ne dit-on pas sur Brooklyn ! C'est un sujet de plaisanteries de « jokes » inépuisable pour les habitants de l'île de Manhattan, qui considèrent toujours cette importante partie de la cité comme un faubourg, le « dormitory », le dortoir de la ville.

Les gens de Brooklyn, eux, sont très fiers de leur domaine, ils l'appellent la ville des églises, il y en a plus de cinq cents.

Les monuments, les musées, les bibliothèques s'élèvent constamment. De ce côté, la ville peut s'étendre sur le vaste espace qui s'étend de Brooklyn Bridge à Coney Island et des « Narrows » à Jamaïca-Bay. Manhattan peut lui envier ses parcs et ses promenades, le grand Prospect Park et ses beaux arbres et l'admirable boulevard qui mène de là à Coney Island en suivant le bord de l'Océan.

Fifth Avenue et Central Park. — Il semble que, seuls, les êtres nés sur cette terre, ou ceux qui y sont amenés dès leur petite enfance, puissent vivre sans dommage dans le fracas continuel de la bruyante ville. Après quelques jours passés dans cette atmosphère trop forte, dans ces rues où vous étourdit le tumulte des trains sur vos têtes, la course folle des tramways et le bruit de tonnerre des camions chargés de fer; quand, bousculé, meurtri par une foule en délire, fiévreuse d'avancer et de se faire place quand même, vous vous sentez enfin le corps brisé, l'esprit en dérive, votre souvenir alors vous reporte subitement sur le mail d'une petite ville sur la fin de l'été ou au mois de Marie, dans le jardin d'un bon vieux curé de campagne, dont la passion est d'élever des roses et des abeilles près des herbes de son potager. Alors la nostalgie et le spleen vous prennent, le désir de vivre en un endroit solitaire et silencieux, ne serait-ce même que pour quelques instants, vous tient obstinément comme ces envies de mordre en un fruit savoureux qui vous viennent quand, au lit, malade, la fièvre vous tracasse. Hélas! bien rares sont les endroits où l'on souhaiterait vivre dans cet infernal New York; de tous, Washington-Square est peut être le plus charmant. Figurez-vous une vaste et agréable place, ornée de pelouses et plantée de beaux arbres, dans le goût des squares anglais, qu'elle rappelle d'ailleurs. Au milieu s'élève un arc de triomphe dédié à Georges Washington. Ni magasins, ni bureaux, seuls des hôtels particuliers de style ancien et une église la bordent. Derrière les fenêtres on aperçoit de vieilles dames s'absorbant dans des travaux de couture ou la lecture des magazines — de jeunes visages collent leur nez aux carreaux — et parfois, au coin de plus d'un trottoir, flirte une chambermaid avec un policeman.

La Cinquième avenue commence là, elle est certainement la voie la plus élégante et la plus riche, c'est à cela qu'elle doit d'être épargnée de lignes de tramways et de chemin de fer élevé, c'est là que circulent le plus volontiers les équipages et les cavaliers, et les New Yorkais la comparent volontiers à Piccadilly et à nos Champs-Elysées. Au milieu de la multitude de riches voitures et des automobiles de prix, peut-être bien pour prouver que nous sommes dans un pays libre, circulent de vilains omnibus noirs et sales qui desservent l'avenue d'un bout à l'autre.

Jusqu'à la 48e rue, elle est bordée par des clubs, des

grands restaurants, des hôtels énormes, comme le Waldorf-Astoria, et par des boutiques réservées aux objets de luxe. Les grandes librairies sont aux environs de la 23e et, à partir de Madison-Square, presque toutes les maisons sont occupées par des orfèvres, des joailliers, des modistes, des fleuristes et surtout des marchands de tableaux et de curiosités.

On me dit bien qu'il y a beaucoup de snobs parmi les collectionneurs américains, de joueurs aussi, qui spéculent sur leurs galeries comme sur des valeurs ou des terrains; que des modes sont lancées, qui mettent hors de prix, pour quelque temps, les meubles de telle époque ou les tableaux de telle école. En ce moment, par exemple, les plus hautes enchères sont acquisès aux hollandais modernes et c'est par dizaine de mille dollars que se paient les toiles de Mauve, d'Israels, de Mesdag, de Morris, etc. Faisons la part de la vanité, mais je suis sûr qu'il existe une élite d'amateurs intelligents et artistes, au goût sûr, délicat et raffiné; c'est ce qu'attestent les merveilles d'art contenues dans les magasins de cette 5e avenue.

Les porcelaines les plus fines, les meubles et les étoffes les plus riches, les tableaux, les marbres, les bronzes, les tapisseries les plus rares, enfin tout ce qui ornait et décorait, dans les siècles passés, les demeures hollandaises, les manoirs anglais, les châteaux français, les palais italiens semble y être réuni.

Il est vrai, aussi, qu'à côté de ceux-ci d'autres étalages montrent un tel ensemble de hideurs luxueuses et chères, de tels bibelots laids, bêtes et inutiles, qu'on en vient à regretter tant de main-d'œuvre perdue, tant de précieuses matières gâchées. Sur quelles tables de millionnaires iront ces surtouts d'argent massif, où des éléphants jouent avec des girafes? — qui donc osera jamais offrir ces coupes de vermeil et d'or, lourdes et ridicules? — à quoi peuvent bien servir ces énormes choses en cristal taillé, hautes comme des hommes et qui ont la forme de chandeliers?

Après la 49e rue il n'y a plus de magasins. C'est entre cet endroit et le Central Park qu'habitent les « 400 », comme on appelle cette société de marchands et de banquiers milliardaires à la tête desquels sont les Vanderbilt.

Les architectes américains, ailleurs si riches d'idées, n'ont cette fois rien inventé. Ils se sont contentés de copier, selon la fantaisie de leurs clients, et nous retrouvons dans un déconcertant voisinage un château de notre Touraine près d'une villa italienne, un manoir du temps de la reine Anne contigu à un castel espagnol; de place en place, de grands hôtels, comme le Saint-Régis, érigent leurs vingt étages et, pour ajouter à la bizarrerie, ici s'élève la cathédrale gothique de Saint-Patrick.

C'est à partir de la 59e rue que commence le Parc, il est bien long d'une lieue, et apparait comme un morceau de vraie nature au milieu de la ville; les lacs, les rochers, les plantations n'ont pas été dessinés et disposés selon le goût des ingénieurs : ce sont bien les vestiges de la nature primitive et sauvage que rencontrèrent les premiers colons. D'admirables arbres bordent de larges pelouses sur lesquelles courent des petits écureuils bruns et gris, à la grande joie des enfants qui leur jettent des noisettes à croquer. Mais pourquoi a-t-on gâté le charme de si beaux aspects par l'érection de grotesques statues? Je ne connais que le Campo-Santo de Gênes pouvant présenter une telle collection de navets sculptés.

Dans le parc même est le Metropolitan Museum. Fondé par une association, il y a une trentaine d'années, il s'est développé de façon si extraordinaire, grâce aux legs et donations qui lui arrivent continuellement, que, sans nul doute, il sera dans un avenir prochain un musée de premier ordre. Il contient des antiquités grecques, phéniciennes et romaines de la plus grande rareté, des sculptures modernes parmi lesquelles le saint Jean-Baptiste de Rodin, des souvenirs de célébrités américaines, des moulages, des céramiques et de nombreuses salles de peinture. Les collections sont exposées dans leur ensemble et comme l'a voulu le donateur, il faut donc s'attendre à de curieux voisinages.

Une première salle, consacrée aux vieux Hollandais et Flamands, montre des Teniers, des Metzis, des Steen, des Ostade. Une marine de Ruysdaël, une nature morte splendide de S. de Heem, un tableau religieux de Van Dyck, trois Rubens. Hill Bolbe la Vénus de Harlem par Frans Hals et d'autres œuvres de Gelder, Jordaëns, Ruysch, Netscher, etc.

Une seule salle de peintres américains : Hamilton, Peale, West, Leutze West, Pratt, Durand, tous nés à la fin du XVIIIe siècle ou au commencement du XIXe. Peu ou pas de modernes, le portrait de Chase par Sargeant. Je n'ai pas vu de Whistler ni d'Abbey. La salle la plus importante est celle où sont les œuvres léguées par M. Marquand, dont le portrait peint par Sargeant est entre le duc d'Olivarès de Velazquez et une vieille femme de Frans Hals. C'est une admirable réunion ; de Rembrandt, deux portraits ; de Rubens, Suzanne et les vieillards ; de Van Dyck, le duc de Richmond ; de Van der Meer, Jeune femme à une fenêtre ; et d'autres œuvres de premier ordre de Ruysdaël, Teniers, Gainsborough, Crome, Turner, Constable.

Dans une salle voisine la collection Vanderbilt montre des Français modernes et d'admirables exemples de l'Ecole de Barbizon. Beaucoup de Detaille, Meissonier, Leloir, Gérome, etc. Mais un délicieux Corot — deux femmes arrêtées sur un chemin dans la lumière du matin, une merveille ! — Dans la collection Hearn, voici des Américains et des Anglais : Inness, Richard Wilson, Reynolds, Raeburn, Lawrence, Morland, etc., et au hasard des salles : le Marché aux chevaux de Rosa Bonheur — un fort beau portrait de Largillière — la princesse de Condé en Diane par Nattier, un empereur d'Autriche par Drouais — l'enfant à l'épée de Manet, des Rousseau, des Millet, des Diaz, des Decamps.

Il est curieux, n'est-ce pas, de ne pas voir dans les musées américains plus d'œuvres d'artistes originaires. Les gens de talent ne manquent pas cependant, mais, trop sollicités par des travaux d'illustration et de décoration, ils n'ont guère le temps de composer des tableaux. C'est dans les magazines, sur les murs des banques, des bibliothèques, des églises, des halls d'hôtel qu'il faut chercher leurs noms.

J'ai lu dans les journaux que l'un d'entre eux, certes le plus connu, le plus fêté, le plus glorieux, s'éloignait pour quelques années, afin d'étudier en Europe l'art de la peinture chez les vieux maîtres.

Sur la 5e avenue est encore la Lenox Library. La bibliothèque proprement dite comprend un grand nombre de volumes intéressants à propos de l'histoire de l'Amérique, et à côté une galerie de peinture renferme des toiles de Constable, Raeburn, Reynolds, Wilkie, Copley, Gainsborough, mais aucune œuvre importante de ces maîtres.

Tout le long du Park, l'avenue n'a plus qu'une rangée de maisons fastueuses; là sont les résidences de Carnegie, du sénateur Clark, Astor, Gould, etc. On imagine combien doit être charmant au printemps un tel endroit, loin de l'agitation effrénée du bas de la ville, en face des beaux arbres et des verts gazons. Il m'a été donné de voir le Central Park l'hiver sous la neige. C'était fort beau, les coupés et les landaus étaient alors remplacés par des traîneaux à un ou deux chevaux, cochers et valets de pied enfouis sous les fourrures. Sur les lacs gelés des centaines d'hommes et de femmes, des vieillards, mais surtout des enfants patinent avec rage. Des courses, des jeux sont organisés; sur les berges, des gamins allument de grands feux de bois mort et, à la chute du jour, ces brasiers sont charmants, éclairant de lueurs vives les jeunes visages, alors que la nuit entoure d'ombre épaisse les grands arbres noirs.

La fifth avenue, après la 120e rue, atteint une petite colline dans un quartier de Juifs et d'Allemands. Elle est alors bordée de boutiques de faubourg, de louches villas et de grandes maisons de location malpropres. Ainsi finit dans la boue et les gravats des terrains vagues la plus élégante voie de New York.

Les Hôtels. — Voici, je crois, ma première impression de New York :

La traversée avait été pénible, notre arrivée se faisait par un temps abominable, une buée glaciale masquait toutes les choses et laissait à peine deviner les silhouettes des remorqueurs qui s'agitaient le long des flancs de notre navire, le tiraient, le poussaient, unissaient leurs efforts de fourmis actives jusqu'à ce qu'il fût définitivement installé dans son slip. Une fois à terre, sous un hangar mal clos et incommode, il avait fallu aller à la chasse des bagages qui se promenaient aux quatre coins de la lugubre halle ; subir le long interrogatoire des officiers de la douane, leurs grosses pattes bouleversant les malles, tripotant le linge et les habits. Puis une voiture m'emmena à travers les rues vides d'un dimanche anglais et j'arrivai à l'hôtel assez maussade et mal en point.

Je traversai un énorme « hall », ruisselant de lumières, de marbres et de dorures. Dans de lourds et profonds fauteuils, une centaine d'hommes lisaient, fumaient, causaient, buvaient, bâillaient, s'étiraient, comme en proie à un mortel ennui. Des cris stridents partirent tout à coup, et trop stupéfait pour me garer à temps, je reçus en pleine poitrine le choc d'un groom à boutons d'or, lancé à la façon d'un projectile et porteur d'un télégramme pour un client de l'hôtel. Il disparut comme par magie et je n'étais pas revenu de mon trouble que déjà sa voix se perdait au fond d'un lointain salon. « Two hundred fifty five... Mister... J... » Personne n'avait tourné la tête.

Au bureau où je me présentai, un jeune homme de manières aisées qui mâchait de la gomme et sifflait l'air du « Bambou Tree » m'indiqua, d'un air dégoûté, le numéro de la chambre que j'avais retenue et me confia aux soins d'un autre jeune homme en livrée qui me précéda en sifflant « Tammany ». Un ascenseur nous aspira vers un huitième ou neuvième étage ; une femme de chambre qui, elle aussi, mâchait de la gomme, nous attendait à la porte d'une chambre claire, chaude et confortable. Le groom ayant installé mes bagages, la chambermaid s'étant assurée que le linge était dans le cabinet de toilette, tous deux sortirent en sifflant en chœur l'air de Navajo. J'étais bien un peu surpris, mais je m'en souciai peu, tant je goûtais la joie d'avoir chaud, d'être à l'abri, de ne plus sentir l'insupportable roulis et l'infâme tangage dans cet appartement tiède et commode. Je me sentais revivre après les huit journées d'agonie passées à bord, les mains glacées, la tête vide, le cœur chaviré, les tempes en sueur, accablé, anéanti, inerte, comme une chose morte au fond de la cabine où le mauvais temps nous retenait. De la rue montait le bourdonnement des voitures, des tramways et des trains roulant dans le lointain, la pluie crépitait le long des carreaux, le vent secouait la fenêtre, la chambre ne m'en semblait que meilleure : il faisait bon être là, et enfoui dans un large fauteuil je jouissais de ma quiétude, ravi de la forme simple et élégante des meubles qui m'entouraient, du ton délicat des tentures, s'harmonisant aux teintes sombres des boiseries vernies. J'allais m'assoupir quand, tout à coup, une infernale sonnerie, partant tout près de moi, me jeta sur mes pieds, affolé : j'avais oublié le téléphone, un des pires avantages de la vie américaine. Onze fois en moins de deux heures je fus surpris d'aussi horrible façon : une de mes malles était égarée, des amis s'enquéraient de moi, on m'invitait; on me donnait des rendez-vous. J'avais la tête bourrée d'heures et d'adresses. Je devenais fou, et l'atroce mécanique sonnait toujours. C'était mon premier contact avec la vie américaine; à mon sens, il était un peu rude. Les nerfs brisés, je descendis donc en hâte au bureau, demander une chambre sans le téléphone. Je crois que j'eus, sans m'en douter, l'honneur réservé à peu de mortels, d'étonner un Américain. Le jeune homme bien peigné à qui je transmis ma requête, du coup me crut fou ou très ivre et, pour cinquante secondes au moins, s'arrêta de siffler.

Ce que je demandais n'existait pas, je remontai chez moi et m'employai à démolir l'appareil qui ne sonna plus de la soirée. Mais le lendemain il était réparé quand je rentrai. Je l'endommageai à nouveau, et ce fut une lutte journalière entre l'électricien et moi jusqu'au jour où je quittai l'hôtel.

Le lendemain de mon arrivée, croyant qu'il en allait de même que dans nos hôtels, je mis à la porte mes chaussures à nettoyer et sur une chaise mes vêtements à brosser. En rentrant le soir, ils étaient à la même place et dans le même état. Je sonnai pour demander des explications. Un garçon vint et m'apostropha ainsi : « Brushed? You're lucky to find

em still there, Take' em in! Do you want'em stollen! — Brossés? mais vous avez de la veine de les retrouver, rentrez-les vite, vous voulez donc qu'on vous les vole! »

Il faut bien quelque temps pour s'habituer à de telles façons. C'est au ton des domestiques qu'on s'aperçoit d'abord qu'on est en pays démocratique et libre. L'insolence et la goujaterie de ces gens-là sont sans bornes. Voici une scène dont j'ai été le témoin. Cela se passait dans l'ascenseur d'un grand hôtel : le garçon demandait à chacun de nous le numéro de sa chambre pour savoir à quel étage il devait s'arrêter. Une charmante jeune femme, de mise très simple, lui indiqua un numéro qui se trouvait être celui d'un appartement fort cher. Le garçon, étonné, se retourna, la dévisagea et dit : « Room thirty seven, you dont look like it! — Chambre trente-sept, vous n'en avez pas l'air. » La dame sourit, un peu embarrassée. Personne, sauf moi, n'avait fait attention.

Les Américains, habitués à ces mœurs, ne s'en offusquent pas et les domestiques d'hôtel sont encore ce qu'il y a de mieux. Les tracas que procurent le recrutement des domestiques, leurs exigences, la façon dont ils s'acquittent de leurs devoirs, font que, de tous côtés, l'usage se généralise de remplacer la vie de famille, de supprimer le home, pour vivre dans les hôtels ou les boarding houses.

On ne peut imaginer ce que nous raconte une maîtresse de maison au sujet de ses servantes : telle cuisinière nègre exige un salon et un jour de réception — une autre quitte sa place, parce qu'elle ne veut pas faire cuire des rognons, dont l'odeur la dégoûte — un cocher refuse de laver les voitures — une femme de chambre suédoise ne consent pas à s'asseoir à table auprès d'une lingère norvégienne. — Il faut accepter toutes leurs fantaisies, les changer tous les huit jours, user à leur égard de douceur et de mansuétude. Après quelque temps de cela, les hôtels semblent délicieux et le service parfait.

Il est évident que, service à part, tout ce qu'on dit sur le confort et l'élégance des hôtels d'Amérique est au-dessous de la vérité.

On a souvent décrit ces maisons colossales renfermant 800, 1,000, 1,200, jusqu'à 1,500 chambres ; on a vanté le

HOTEL
NORMANDIE
MARLBOROUGH
Trimble

luxe et la richesse de leurs immenses salles à manger, de leurs salons, de leurs halls, de leurs ascenseurs. Qu'il s'agisse du Waldorf Astoria, du Netherland, du Astor, du Saint-Régis, de la Holland-House, du Manhattan, de l'Impérial, du Majestic, du Normandy, du Marlborough et d'autres dont j'ai oublié les noms, tous possèdent les mêmes installations magnifiques où sont prodigués le marbre, le stuc, le bronze, l'or, les tentures de soie et les lampas brochés, les riches tapis, les tableaux de Bouguereau et les vases de Tiffany. On y trouve une simple chambre pour quatre ou cinq dollars et des appartements jusqu'à cinq cents dollars. Dans les salons et les couloirs entre qui veut, tout est libre, les passants viennent là pour écrire des lettres, lire des journaux et des magazines, se mettre à l'abri, y retrouver des parents, des amis, des commettants. Durant tout le jour une cohue, une fourmilière de gens va et vient dans un mouvement incessant. Il n'est pas de meilleurs endroits pour observer les types. Dans les fauteuils des halls, sur les divans des couloirs, devant les comptoirs des bars, les échantillons les plus disparates de la race causent, fument, lisent, boivent, dorment même.

Au Waldorf Astoria, dans le long couloir qui mène aux salles à manger et qu'on a dénommé « Peacock alley » — l'allée des Paons — circulent, de l'heure du thé à celle du dîner, les types les plus divers d'Américains et d'Américaines surtout, depuis les milliardaires dont le nom est dans toutes les bouches et dont s'occupent chaque jour les journaux, jusqu'aux chorus-girls empanachées de chapeaux extravagants.

Les hommes, qu'il s'agisse de ces collégiens, athlètes aux larges épaules supérieurement charpentés et admirablement entraînés à tous les sports, de ces robustes gaillards à figure osseuse et à mâchoires fortes ou bien de ces vieux hommes d'affaires blanchis sous le harnais, dont les joues molles et couperosées, la mine tirée et les rides disent l'usure et l'éreintement ; tous, dis-je, jeunes et vieux, petits et grands, gras et maigres, offrent la même démarche automatique, le même visage, froid, correct, immobile, parlent du coin des lèvres, s'empressent auprès des femmes avec les mêmes gestes mécaniques de bonshommes en bois.

Quant aux femmes, leur élégance n'est pas sans mélange, peut-être portent-elles trop de choses apparemment chères, trop de fleurs, trop de plumes, trop de bijoux. Je me souviens du mot d'un groom, ouvrant la porte de l'hôtel Astor, à une dame couverte de diamants étincelants sous la lumière crue des lampes électriques. « Good God! Luna Park! » s'écria-t-il. Luna Park est dans Coney Island un endroit éclairé par des centaines de mille de

lampes électriques reflétées par des façades éblouissantes, de façon à aveugler les badauds ravis de cette débauche de lumière.

L'exagération des toilettes est souvent choquante. Portées par d'admirables filles, grandes, souples, fortes, elles sont possibles, mais sur le dos de naboles ou de longues oies maigres à grands yeux niais et nez proéminents, cela devient infâme. Comparée à la démarche aisée, gracieuse, désinvolte des Parisiennes, leur allure à toutes est énergique, résolue, saccadée. Quand une athletic girl vous serre la main, c'est au sens extrême du mot, vous avez les doigts broyés et le bras endolori.

Mais je reviens aux hôtels et à leurs mœurs spéciales. Le samedi à l'heure du déjeuner toutes les salles à manger sont prises d'assaut, on fait la queue et il faut attendre souvent plus d'une heure pour obtenir une table. Personne ne se fâche, et les Américains, toujours si pressés, dépensent là des trésors de patience. Le service est naturellement ralenti. Un jour, ayant un train à prendre, je pressais le maître d'hôtel, et cet homme important me répondit dédaigneusement : « Nous servons 2.000 déjeuners tous les matins, il nous est impossible d'aller plus vite ! »

Il est à remarquer que beaucoup d'hommes et de femmes se tiennent fort mal à table, se livrent à cent inconvenances que personne ne remarque, se fourrent les doigts dans le nez à tout propos, vous bousculent sans s'excuser, passent devant les femmes, mettent leurs coudes sur la table, posent leur journal devant eux et le lisent durant le repas, au nez de la dame qui les accompagne.

Dans certains Etats de l'Est, il est défendu par la loi de

servir aucun alcool ou boisson fermentée à une certaine distance d'une école ou d'une église. Quand j'étais à Boston, à l'hôtel Touraine, il était impossible de se procurer le moindre coktail, la moindre bouteille de vin. Il était même défendu aux garçons d'aller en acheter en votre nom ; si vous en vouliez, il fallait l'apporter vous-même et le faire déboucher à l'entrée de la salle. Cet état de choses dura un mois. Il s'en fallait de quelques mètres que la porte de l'école, cause de tout le mal, fût à la limite réglementaire. On fit percer une autre porte plus loin, on mura la première.

Il en coûta une forte somme aux patrons de l'hôtel, mais les vins et les liqueurs reparurent sur les tables.

Il est aussi défendu de servir de l'alcool le dimanche et à partir d'une certaine heure le samedi. A New York m'arriva cette mésaventure amusante : Ayant quelques amis dans ma chambre, je commandai sept ou huit cocktails à un garçon qui prit en note ma commande et me la fit signer. Puis il ne reparut plus. Je sonnai, ressonnai ; il ne vint personne, l'heure de servir était passée. J'étais furieux, mes amis s'amusaient beaucoup, mais le plus drôle fut que le lundi matin, le même garçon reparut dès 8 heures avec le plateau de cocktails, les posa sur ma table et disparut avant que j'aie trouvé un mot. Je les avais commandés et je dus les payer.

L'accès des hôtels est très difficile pour une femme s'y présentant seule, quels que soient son âge et sa condition. Il faut, si elle veut une chambre, qu'elle donne sur elle toutes espèces de garanties et de renseignements ou encore qu'elle soit accompagnée par un homme qui signe pour elle sur le registre de l'hôtel. Il en est résulté de telles vexations, que pour parer à cela on a construit un grand hôtel à 12 étages, le Martha Washington, qui n'abrite que des femmes. Les hommes n'ont accès que dans le hall et les salons. Il doit y avoir plus de six cents chambres, il y en a de très chères et de très bon marché. Il y a donc toutes espèces de femmes, toutes les conditions sociales y sont représentées, et l'aspect du hall vers l'heure du thé est des plus intéressants et des plus particuliers.

Concernant la cuisine. — Je ne me suis jamais assis à la table d'une salle à manger ou d'un restaurant américain sans qu'aussitôt vînt se présenter à ma mémoire le souvenir d'un vieil original, célèbre dans la petite ville normande qu'habitait une partie de ma famille.

Il était juge au Tribunal, mais les plaideurs étaient rares et lui laissaient des loisirs qu'il employait à composer des vers latins, à pêcher à la ligne et surtout — car c'était là l'importante fonction de sa vie — à s'occuper de sa table et de sa cave.

Manie de vieux garçon, il ne laissait à personne le soin de faire le marché. Chaque matin, quand huit heures sonnaient à la cathédrale, il apparaissait sur la place, grave et solennel, suivi d'une imposante domestique qui portait le grand panier. Alors il passait au milieu des éventaires, reniflant les melons, palpant les poissons, soupesant les volailles et le gibier, caressant de gestes attendris les fruits et les primeurs. Les marchandes l'accueillaient avec une grande déférence, lui réservaient leurs plus belles pièces, fières et jalouses de la préférence qu'il leur accordait.

Rentré chez lui, il avait de longs conciliabules avec sa cuisinière, personne fort considérée, et de leur collaboration sortaient des menus qui émerveillaient ceux qui étaient conviés à la table du bon juge. Il choisissait ses convives parmi des gens d'humeur tranquille, rentiers ou fonctionnaires benoîts, sachant deviser doucement et longtemps de choses indifférentes, mais dont l'estomac et le goût depuis longtemps éprouvés avaient établi leur réputation de fins gourmets.

Il avait un grand ami qu'il n'invitait jamais parce que, disait-il, la chaleur que lui communiquaient les mets et les vins, le rendait bruyant, discuteur, lanceur de paradoxes et de phrases ronflantes, qu'il émettait d'une voix dont les éclats détruisaient l'harmonie du repas.

Je n'ai jamais conté l'histoire de ce brave homme, sans voir les Américains s'amuser follement ou s'indigner à la seule pensée qu'un tel type pût exister, quelques-uns même avaient des sourires de doute. Pour moi, je m'imaginais mon bonhomme subitement transplanté dans ce pays, forcé de vivre dans la foule énervée des restaurants et des hôtels, obligé de manger les ragoûts inattendus, les fricassées bizarres, les rudes assaisonnements et les sauces redoutables que réclament les estomacs américains. De quels gestes d'horreur n'eût-il pas repoussé les sombres bouillies de disparates farines, que sous le nom de « breakfast foods » on vous sert pour le déjeuner du matin. Il fût sûrement mort de faim !

On se trouve ici devant d'autres organismes de goût et d'estomac différents. Regardez-les à table : ils mangent comme des ogres, sans se soucier de ce qu'ils mangent. Quel que soit le plat qu'on leur sert, ils commencent par le saupoudrer de sel et de poivre rouge, l'arrosant ensuite de citron où du contenu des innombrables fioles, qui garnissent la table et qui contiennent des sauces de noms bizarres, dont une seule goutte vous met le palais en feu. Tout le temps que dure le repas, ils croquent des céleris, des piments, des amandes salées, des olives macérées dans du vinaigre.

Il faut avant tout que le palais soit brûlé ou gratté, notre cuisine leur semble fade, nos vins sont trop légers, il y a un champagne extrêmement sec, dénommé « goût américain », qu'on boit seulement ici. La boisson habituelle est l'eau glacée et l'habitude est de commencer le repas par un cocktail fortement alcoolisé et ces délicieuses pamplemousses de Californie et de Floride, que l'on vous sert coupées par le milieu et aromatisées avec du marasquin ou de la crème de menthe. Cela et les huîtres constituent à mon avis les meilleures choses que l'on mange ici. Les Américains font grand cas de la Terrapin, mets fort rare et fort cher, préparé avec une tortue spéciale, qu'on ne trouve plus que difficilement sur la côte Sud.

Les huîtres sont excellentes, il y en a de toutes les sortes, depuis celles grosses comme un noyau de cerise, véritables bonbons salés, jusqu'aux coquilles larges comme des assiettes, que l'on pêche dans la Dusapeake Bay. Le mal est qu'on ne se contente pas de les manger crues, dûment arrosées de jus de citron. Il faut les avaler frites avec une sauce à la crème, enveloppées de lard et grillées, mélangées à des sauces ou à des soupes, en salades et en sandwiches. On en est même arrivé à confectionner un cocktail aux huîtres, horrible combinaison où le mollusque se trouve pris dans de la sauce aux tomates, du poivre rouge, du sherry et du citron, le tout remué dans de la glace et servi comme apéritif.

La cuisine américaine n'est vraiment pas nationale, elle est un composé de la sèche et épicée cuisine anglo-saxonne et des lourdes nourritures allemandes. Comme par delà la Manche on retrouve les lourdes pièces de viandes, les imposants rosbifs, les monstrueux jambons, les pickles, les « eggs et bacon » du déjeuner, l'ox-tail épais, les clams et les broths relevés, le potage à la tête de veau et la soupe à la tortue. Le mince-pie et les pâtés de toutes sortes y sont aussi : veal-pie, pumkin-pie, eel-pie, chicken-pie, etc., comme les tartes, les cakes et les puddings indigestes.

De la cuisine allemande viennent les gelées, les marmelades, les confitures, les pruneaux mélangés aux sauces ou accompagnant les rôtis, les pesantes charcuteries, les poissons marinés, la choucroute, le fromage blanc à la sauce tomate, les viandes fumées et la bière.

De chose culinaire spéciale il n'est, je crois, que l'emploi du maïs, qui vient des Indiens et que l'on prépare de cent façons différentes... bouilli, rôti, en pudding avec du lait. Sec, on en fait de la farine pour de délicieux gâteaux, des galettes, des crêpes, etc.

A la fin de ceci, je dois assurer de ma reconnaissance infinie quelques maîtresses de maison, soucieuses de leur table et qui me firent quelquefois dîner d'admirable façon. Faut-il ajouter que les vins venaient de Bourgogne ou de Bordeaux et que leurs cuisinières étaient Françaises?

Les Clubs. — A l'école, au collège, dans les Universités, les jeunes Américains prennent l'habitude du Club, qui ne les quittera plus leur vie durant. Ici on a vite fait de fonder un club et, depuis les ouvriers du Bowery aux millionnaires de la 5e avenue, tout le monde est membre de deux ou trois. On se réunit sous un prétexte quelconque entre gens de goûts communs, on cherche un titre, on loue un local, on élit un président ; mais qu'il s'agisse d'une simple chambre garnie d'une table fruste et de quelques mauvais sièges ou d'un des palais de marbre de la 45e rue, l'important est qu'après la journée de travail absorbant et le moment où l'on rejoint le home, on puisse passer là quelques instants, se reposer, lire des journaux, vider quelques verres de whisky, retrouver des visages amis, se distraire en de bonnes et joyeuses conversations d'hommes sympathiques, oublier pour quelque temps les affaires et les soucis du ménage. Dans la journée de l'Américain, ce sont les seules minutes qui soient bien à lui, il y tient ; le club lui est une oasis dans une existence si prodigieusement occupée. Là, il est vraiment chez lui et lui-même. Tel homme que vous avez vu dans son bureau sombre, ferme, autoritaire, seulement soucieux de business et de dollars, vous apparaîtra ici affable, disert, conciliant, vous contera

ses voyages, ses aventures, vous amusera avec des anecdotes, critiquera des livres ou des tableaux, vous présentera à tous ses amis présents, lesquels vous présenteront à leur tour à d'autres amis qui tous vous accueilleront du même air aimable et enjoué. Alors, vous découvrirez avec joie le naturel délicieux, la simplicité charmante des manières et des paroles, la juvénile gaieté de ces hommes qu'ailleurs vous avez jugés lourds, froids, engoncés derrière leurs faces volontaires et silencieuses. On vivrait des années près d'eux sans s'apercevoir de leurs mérites ou de leurs qualités, tant ils les cachent dans la vie cou-

rante. Ils concentrent leurs émotions et ne les éparpillent pas. Probablement, la lutte qu'ils mènent les y force ; il faut s'observer, se contenir, ne pas donner prise à l'adversaire.

A mon arrivée à New York, m'attendaient, envoyées par différents amis, des cartes qui me faisaient membre temporaire de plusieurs clubs. J'en ai visité une dizaine et dans tous j'ai trouvé le même accueil bienveillant et amical, partout je me suis senti à l'aise, et il n'est certes pas un étranger ainsi reçu, qui ne garde un reconnaissant souvenir à ces lieux qui lui furent sympathiques, où tout est naturel et cordial, où les hommes que vous rencontrez cherchent à vous servir et s'efforcent à vous rendre plus douce cette atmosphère violente et le choc brutal de cette nouvelle civilisation. J'aime à me retrouver par la pensée au Players ou à l'Art Club, et revivre les moments passés là avec d'aimables compagnons.

Le Players Club est situé dans Gramercy Park, un petit square un peu à l'écart qui a l'air d'un coin du West-End de Londres avec ses petits hôtels et son jardin central entouré d'une grille. La maison est celle qu'occupait autrefois l'acteur Booth ; c'est lui qui l'a meublée et laissée au club. Comme installation, comme confort, c'est parfait. Je ne sais rien de plus agréable ni de plus discret dans le genre. Il y a beaucoup de portraits et de reliques d'acteurs, affiches, costumes, etc. Le portrait de Jefferson par Sargeant montre le masque sérieux et volontaire du vieux comédien qui fut longtemps président de ce club. Le président actuel est John Drew, l'acteur fêté. Les membres sont choisis parmi les hommes les plus éminents du monde des théâtres, de la littérature, des arts. Il y a moins de banquiers et de business-men que partout ailleurs. L'accès en est difficile et le titre confère toujours la notoriété du talent aux relativement peu nombreux membres.

Le Lamb's Club est un autre club d'artistes, surtout de théâtre ; c'est un endroit fort gai, un peu bohème et renommé pour ses représentations privées. Son nom signifie le cercle des Agneaux et le président prend le titre de « Collie » ou chien de berger. Les agneaux sont quelquefois fort turbulents.

Les grands clubs de Harvard et Yale sont le rendez-vous des anciens gradués des célèbres universités. Ils sont admirablement installés dans des hôtels somptueux de 44e street. En face, les yachtsmen ont pour eux le New York Yacht Club, superbe construction toute neuve. Puis je cite au hasard : le Metropolitan Club, connu comme le club des Millionnaires, Union League Club, l'University Club, le Progress Club, le plus riche club juif, l'Union Club, fondé en 1836 par les descendants de Knickerbocker, le plus vieux donc des grands clubs de New York.

Et encore le Century, club d'artistes et de savants dont les « meetings » sont renommés; le Lotos, le New York, le Reform, le Saint Nicholas exclusivement réservé aux vieilles familles de New York, le Grolier Club, pour les bibliophiles, le Lawyers' Club pour les magistrats, avocats et hommes de loi, le Calumet, le Catholic, l'Engineer's, le Barnard et cent autres réunissant tous les sports, toutes les professions, toutes les opinions, toutes les origines. Tous possédant leurs dinings rooms, leurs bibliothèques, leurs nombreux salons remplis de tableaux et de sculptures, leurs fauteuils profonds et commodes, leur personnel zélé et discret et tous dignes de la place qu'ils tiennent au cœur des Américains.

Théâtres et Spectacles. — Assurément le théâtre est ici la distraction favorite, quoique depuis quelque temps les directeurs se plaignent de ce que la grande popularité du jeu de bridge leur enlève chaque soir un fort contingent de leur clientèle habituelle. Cependant, à chaque saison, s'ouvrent de nouvelles salles et le nombre des acteurs et des pièces augmente sans cesse. A cela, on dit que les risques d'une aventure aussi hasardeuse que le lancement d'un nouveau théâtre, la perspective de gros gains ou de lourdes pertes, trouvent toujours les spéculateurs américains, joueurs avant tout, prêts à risquer des sommes énormes.

Quand une pièce atteint le gros succès, les bénéfices sont colossaux. On voit souvent des théâtres donner devant des salles combles plus de mille représentations du même spectacle. Pendant deux ans on a joué « Floradora » au Casino ; voici plus d'un an et demi que, chaque soir, M. Warfield voit croître son succès dans le « Music Master ». Le célèbre acteur Joseph Jefferson, mort l'an dernier, n'a, pour ainsi dire, créé durant sa longue carrière que trois rôles importants, — « Rip Van Winkle » dans la pièce du même nom, « Bob Acres » dans « The Rivals » et « Caleb Plummer » dans « Cricket on the Heart ».

Tout ce qui touche au théâtre et aux coulisses est « very exciting » pour le public américain. Une presse idolâtre s'occupe constamment des acteurs, non seulement pour louer leur talent en termes dithyrambiques, mais encore pour donner mille détails sur leur vie privée. Les moindres incidents de leur intimité sont racontés avec des détails touchants, des photographies accompagnent les articles et vous les représentent à la ville, à la campagne, au milieu de leurs enfants, ou auprès de leur vieille mère ; à pied ou à cheval ; jouant le golf ou pêchant à la ligne. Leurs maisons, leur garde-robe sont soigneusement décrites, et quand on a tout dit sur l'homme ou la femme de génie, vient le tour de leurs proches, puis de leurs domestiques, de leurs fournisseurs, de leurs chevaux, de leurs chiens.

Le cirque Barnum et « Buffalo Bill » nous ont habitués en France aux immenses affiches, tenant tout un pan de mur. Eh bien ! figurez-vous cinquante Barnum ou Buffalo, luttant entre eux avec leurs moyens habituels de publicité et imaginez l'orgie d'affiches reproduisant les incidents variés des spectacles auxquels elles vous convient; il y a des assassinats, des incendies, des galopades de cowboys à travers la prairie, des jeunes femmes indignées flétrissant de phrases définitives des messieurs à l'air méchant et sournois ; des jeunes gens d'aspect héroïque qui serrent dans leurs bras et protègent des jeunes filles en robes blanches, d'autres scènes dramatiques, mais incompréhensibles, comme cette femme en toilette de bal, venant trouver un cheval dans son écurie pour lui faire boire le contenu d'un petit flacon. « Take it », disait la légende : « Prenez cela », disait la dame d'un air farouche.

Des portraits d'acteurs et d'actrices démesurément agrandis vous poursuivent de leurs sourires ou de leurs grimaces d'une façon obsédante et vous passent souvent l'envie que vous auriez d'aller voir s'agiter les originaux.

Les théâtres sont grands, assez bien installés, sans grand goût, il faut dire, mais commodes et pratiques. Excepté au Metropolitan Opera, il n'y a nulle part de loges ou de baignoires, seulement de chaque côté deux grandes avant-scènes. Le prix des places est raisonnable. De sept à dix francs on a un excellent fauteuil d'orchestre, ce qui, étant donnée la valeur de l'argent ici, est relativement moins cher que les prix de Paris ou de Londres.

Pendant les entr'actes circulent des garçons qui vous offrent en guise de rafraîchissements de l'eau glacée, la boisson habituelle.

La grande majorité des théâtres des États-Unis appartient à deux ou trois grands « trusts » qui d'un bout d'une saison à l'autre y font circuler leurs troupes en tournées. Généralement la première d'une pièce a lieu dans une petite ville et

ce n'est qu'après les remaniements indispensables et quand les rôles sont bien sus, enfin que tout marche à souhait, que l'on présente la pièce à New York.

Les auteurs américains semblent se donner peu de mal à écrire leurs productions. Sur un vague scénario, ils développent quelques intrigues, permettant à l'acteur pour lequel ils travaillent d'y intercaler des gambades, des calembours, des mots d'esprit (quel esprit !), d'être en scène presque tout le temps, car chaque étoile est maître absolu de son public. Ils peuvent en faire ce qu'ils veulent, lui raconter ce qui leur plaît. Pourvu qu'ils grimacent, dansent la gigue ou fassent des culbutes, cela suffit pour soulever l'enthousiasme de la salle.

J'ai vu ainsi des adaptations de pièces françaises, mais tellement déformées qu'elles devenaient incompréhensibles. Les opérettes anglaises à danses et à couplets permettant le déploiement de bataillons de « chorus girls » ont aussi un grand succès.

Quant aux mœurs originales de ce pays, aux batailles des affaires, aux luttes acharnées pour l'argent, aux fortunes rapides, aux ruines soudaines, à la puissance des « dollars », tous les drames et les comédies qui se jouent dans le monde des affaires et autour de lui, il

semble que cela ne tente guère les auteurs du cru, car il est rare de les voir à la scène, et pour l'instant le public est enchanté des élucubrations malhabiles et bâclées qu'on lui donne chaque soir.

Le cours rapide de la vie des Américains les rend, je crois, incapables de goûter la vraie joie d'art du théâtre. Au sortir de leurs affaires, ils volent en courant chez eux, prennent un bain, s'habillent à la hâte, dépêchent leur repas, sautent dans un cab et ne commencent à digérer que confortablement installés dans leurs fauteuils amples et profonds. Éreintés par leur dure journée, ils ne se soucient pas de suivre une intrigue compliquée ou des développements philosophiques. Ils demandent d'être distraits, amusés comme de grands enfants ; un peu d'honnête grossièreté ne leur messied point. Les coups de pied, les coups de poing, les culbutes, les danses et les gigues rompant le cours d'une intrigue facile à suivre, voici donc ce qui leur convient.

Le vrai type de la pièce américaine est une farce entremêlée de refrains et de danses, avec des amoureux en nombre suffisant pour conclure quatre ou cinq mariages, vers onze heures moins le quart; des Chinois sournois que l'on rosse à tour de bras, des domestiques rusés et gouailleurs, et un gentleman qui est l'étoile de la troupe, lequel saute, danse et crie plus fort que les autres, passe par les fenêtres, fait de grosses farces de paysan ou de collégien, se déguise en vieille femme et profite de la situation pour embrasser ou serrer amoureusement les jeunes filles sur son sein. Tout cela fait froidement avec le flegme qu'ils ont.

A ce genre de spectacle le côté enfantin et un peu rudimentaire de la race s'étale au grand jour. D'un bout à l'autre de l'acte ils rient tout le temps, sont ravis au suprême degré des niaiseries sentimentales, s'amusent comme des enfants à Guignol. A certains côtés grotesques j'ai vu des salles entières comme prises de délire, éclater en tonnerres de rire après quelque clownerie d'un acteur aimé. Des jeunes filles se roulaient littéralement dans leurs fauteuils, des messieurs d'allure grave trépignaient d'aise ou courbés en deux se tenaient le ventre, des vieilles dames étouffaient, se pâmaient, toussaient, défaillaient presque.

Le rideau baissé, le changement des figures est prodigieux. Tous les visages redeviennent sérieux et impassibles. Les jeunes hommes reprennent leurs masques de Romains, les jeunes filles leurs profils de Junons. Les vieux gentlemen ont à nouveau l'air maussade et les dames à hauts chignons de cheveux blancs sont alors de respectables douairières qui semblent ne devoir jamais sourire.

Cet amour des danses, des travestissements burlesques, cette hilarité massive, voici, je crois, le goût national ; le goût de la multitude bien entendu, car à côté de cela il y a de grands acteurs et de belles pièces, mais faits pour une élite (nombreuse il est vrai) et seulement comprises d'elle.

Shakespeare n'a pas tout le succès qu'on pourrait croire dans ce pays. Je n'ai pas vu ses œuvres interprétées par M. Mansfield, il y est, paraît-il, puissant et dramatique. Cette saison il jouait *Don Carlos* de Schiller, l'an dernier il donna le *Misanthrope* de Molière et *Doctor Jekyll* et *Mister*

Hyde de Stevenson. La lutte que mène ce grand artiste contre le goût commun du public, son bel effort de vouloir imposer les chefs-d'œuvre classiques de toutes les littératures, son grand talent et sa foi dans son art le mettent au premier rang des acteurs américains.

Mme Julia Marlowe et M. Sothern, tous deux de premier ordre dans *Roméo et Juliette*, la *Douzième Nuit* et la *Mégère apprivoisée* ; — M. Mantell qui jouait, au Garden Theater, *Richard III*, *Hamlet*, *Macbeth* et le *Roi Lear*, n'ont pas dû, que je sache, connaître les grosses recettes, et c'est déplorable pour ces parfaits artistes qui firent pourtant de belles créations.

Des acteurs ne dansant pas la gigue et jouant autre chose que des farces sont assez rares, et il faut louer le talent de M. Loraine dans *Man et Superman*, William Faversham dans le *Squaw Man*, Arnold Daly dans les pièces de Bernard Shaw, et aussi MM. John Drew, Francis Wilson, David Warfield et, parmi les femmes, Margaret Anglin, Maxime Elliot, Virginia Harned, Ethel Barrymore, Mme Fiske, Florence Roberts et Maud Adams.

La superbe salle du Metropolitan Opera est toujours très brillante. On y admire les plus beaux diamants, les plus belles épaules et les plus chères toilettes du monde. Je ne suppose pas qu'un autre endroit puisse réunir tant de fortunes et tant de millionnaires.

Les entr'actes n'en finissent plus, il est vrai qu'ils sont pour la majorité la partie importante du programme; d'ailleurs, les spectateurs de loges ne cessent pas leurs conversations quand le rideau se lève.

Il y a aux fauteuils d'orchestre un coin réservé aux vrais amateurs de musique, abonnés difficiles et sévères, et pour qui seuls les artistes chantent. On appelle l'endroit « Crank's Alley ».

Naturellement on engage les ténors les plus célèbres pour des sommes fantastiques. Caruso, Knote et Dippel chantaient l'hiver dernier des opéras français, allemands et italiens.

Il y aurait encore fort à dire sur les théâtres d'Amérique, sur la façon dont les directeurs montent les pièces et les mettent en scène. Les décors sont quelconques et toujours plantés de façon uniforme. Ah! il y a loin de ce qu'on fait ici et de ce que réalisèrent à Londres Henry Irving et Beerboom Tree. Tout semble bâclé, il s'agit bien plus d'entreprises industrielles que d'œuvres d'art. Il y a des exceptions toutefois, l'Opéra a monté merveilleusement plusieurs pièces et M. Belasco a mis en scène *The Darling of the gods*, et cette année *The Girl from the golden West* avec un soin et un art qui rendraient jaloux Carré, Antoine ou Gémier.

Dans les vaudevilles et « Palaces of Varieties » qui sont les cafés-concerts d'ici se donnent des spectacles coupés, des pièces comiques en un acte, de grosses bouffonneries, et le défilé accoutumé d'acrobates, d'escamoteurs, de jongleurs, de tireurs, de sauteurs, d'équilibristes habituels à ce genre de spectacle.

Seulement comiques, sont ces excentriques vêtus de loques, parlant l'argot des « tramps », les voyous de New York, s'assommant de coups de trique, sautant par les fenêtres, se tirant des coups de revolver à bout portant. Ils gardent dans leurs pires folies un tel sang-froid, mettent un tel flegme dans tous leurs gestes, qu'ils arrivent à un comique inénarrable.

Souvent des nègres, s'accompagnant de guitares et de banjos, chantent d'une jolie voix et un vrai sens musical des chansons sentimentales, des « Coons Songs » qui ont un succès énorme.

Il faudrait aussi noter les danses joyeuses, harmonieuses et savamment rythmées des chorus girls. C'est une des joies de New York. Mais ce qu'il y a de surprenant pour nous autres Français, c'est l'exhibition de certaines célébrités du moment, qu'on décide, à force de dollars, à se montrer pour quelques instants à un public enthousiaste. Il y en a toujours, et les établissements concurrents ont chacun la leur. Tout

leur est bon : le survivant d'une catastrophe célèbre, la victime d'une erreur judiciaire, le domestique ou la nourrice d'un homme illustre, l'athlète victorieux, etc.

L'an dernier, Tod Sloan, le fameux jockey, s'exhibait

tous les soirs dans un music-hall de Broadway moyennant cinq mille francs par semaine. Il arrivait sur la scène le chapeau sur l'oreille, les mains dans les poches, un gros cigare aux lèvres et l'air maussade. D'une voix nasillarde, il contait comment il avait fait la connaissance du roi d'Angleterre, restait cinq minutes et partait, visiblement dégoûté et assommé, soulevant des tonnerres d'applaudissements. On le rappelait dix fois, c'était du délire. Je n'ai vu pareil enthousiasme qu'un autre soir, alors que Jim Corbett, le célèbre boxeur, expliquait comment il avait vaincu dans un grand match et exhibait ses muscles invincibles. J'ai bien cru que la salle croulerait, près de moi des jeunes filles s'époumonaient à crier : Hurrah Jim ! Bully for you ! You're all right ! tandis que mon voisin de droite hochant la tête gravement affirmait : The best ever ! the greatest in the world ! le meilleur toujours, le plus grand du monde !

Après cela un des spectacles les plus curieux d'ici est celui de l'immense Hippodrome de la 6e avenue. La salle est énorme et la scène est si vaste, si longue, si large qu'elle permet les déploiements, impossibles ailleurs, des processions, des défilés où figurent des éléphants, des girafes, des autruches, des chameaux, des zèbres, des zébus, des antilopes. Les costumes sont jolis, les décors ingénieux, et il y a de vraies trouvailles de mises en scène et d'éclairage. L'an dernier il y avait un cirque forain débarquant sur la planète Mars avec ses chevaux, ses acrobates, ses clowns. Le cirque donnait sa représentation sur trois pistes différentes, puis venait un ballet avec au moins deux cents danseuses, toutes jeunes et jolies, souriantes et joyeuses, dansant ensemble des pas nouveaux admirablement réglés et rythmés.

Puis venait une pantomime dont l'action se passait dans une ville de l'Inde. Il y avait une place de Marché adorable avec les éventaires des marchands, les tas de fruits et de légumes, les hommes à turbans allant et venant, déchargeant des chameaux, des femmes portant sur leurs têtes des urnes ou des paquets, et toute cette foule, traversée par le cortège d'un prince suivi de sa cour, de ses femmes, de ses guerriers, de ses cavaliers, de ses éléphants passant au milieu du peuple prosterné. Et enfin la même place, par un effet de nuit, traversée par des cavaliers se livrant bataille, se ruant d'un bout à l'autre de l'immense scène, se poursuivant en des galopades folles. C'est très différent de ce qui se passe dans nos cirques ou nos théâtres à féeries, très inattendu, très bien réglé et mis en scène, et une réelle joie pour les yeux.

Les Sports. — La passion du sport est générale parmi les Américains. Même dans leurs plaisirs il leur faut encore l'intérêt de la lutte et du but à atteindre. Je ne crois pas qu'on puisse s'imaginer, avant de l'avoir vu, l'enthousiasme que déchaîne une simple course à pied entre équipes de deux universités rivales, et une rencontre entre boxeurs devient un événement sensationnel ; longtemps à l'avance les journaux publient leurs portraits, ceux de leurs entraîneurs, notent leurs chances et les moindres détails concernant l'entraînement.

Le foot-ball, le base-ball, jeux profondément nationaux, se jouent partout, et ont leurs fanatiques dans les coins les plus reculés des plus lointaines provinces.

Il y a des sports pour toutes les saisons; des jeux demandant des espaces considérables et d'autres qui peuvent s'exercer dans une simple chambre. Les courses en canot, à la nage, à cheval, en automobile sont-elles empêchées par les conditions atmosphériques, froid, neige ou glace, qu'aussitôt les patins et les skip sont décrochés, et on s'en va vers les mares et les étangs gelés, patiner, jouer le hockey ou descendre à toute vitesse des collines en tobogan. Les femmes sont aussi hardies, énergiques, entraînées, aventureuses que les hommes. Les jeunes filles mettent leur orgueil à battre les garçons ; j'en connais trois qui ont couvert à la nage une distance de neuf kilomètres en moins de trois heures ; il ne s'agissait que d'une simple promenade et non d'une course; d'ailleurs elles ne trouvaient à cela rien d'extraordinaire, beaucoup d'autres de leurs amies en étaient capables. On comprend qu'avec l'endurance et l'énergie qu'on y met ici le croquet et le tennis deviennent des choses tout à fait différentes de ce que nous sommes accoutumés à voir sur nos plages et dans nos jardins.

Parmi les autres jeux, le golf tient une place considérable. Autour de New York, les links publics ou privés sont fort nombreux, et étant donnée la valeur des terrains où ils sont placés, ils ont dû coûter des millions à établir. La vogue de ce jeu vient de ce qu'il est très hygiénique, inoffensif, qu'il peut être pratiqué par tout le monde et à tout âge, sans gros effort, sans épuisement et qu'à l'attrait du sport se joint la sensation de plein air et de calme parfait dans de beaux paysages. L'apprentissage est assez long et difficile ; il s'agit d'envoyer une balle dans un trou situé à une distance variant de deux cents à neuf cents mètres; les trous sont au nombre de dix-huit et le tour complet du jeu est de six à huit kilomètres. On frappe la balle avec des clubs, variant suivant sa position et la nature du terrain où elle se trouve. Il faut quelque temps avant d'être entièrement familiarisé avec les instruments bizarres que porte, dans une gaine, un petit garçon — le caddy — qui suit tous vos pas.

Rien ne semble plus aisé que d'envoyer une balle à 150 ou 200 mètres, les joueurs font cela si naturellement ; et cependant pendant longtemps les débutants ne réussissent qu'à se meurtrir les tibias et enlever de grosses touffes de gazon autour de la petite boule ronde qu'ils désespèrent de toucher jamais.

Un Match de Foot-ball. — De tous les sports, le foot-ball est celui qui passionne le plus les jeunes gens américains. De la plus petite à la plus grande, chaque école a son équipe de joueurs, supérieurement entraînés. Certaines parties sont des événements importants qui intéressent tout le pays.

D'anciens élèves, devenus de graves business men, risquent des sommes énormes sur le team de leur collège.

Si je n'ai pu voir le fameux match de foot-ball entre Harvard et Yale, j'ai du moins assisté à celui qui mettait en présence Yale et Columbia, l'Université de New York.

La rencontre devait avoir lieu au « base-ball grounds » vers la 166e rue. Les trains du subvay étaient pris d'assaut par une foule joyeuse d'hommes et de femmes, de jeunes filles et de jeunes gens surtout, portant à la boutonnière ou à la ceinture les couleurs de leur collège préféré, violettes pour Yale, œillets blancs pour Columbia.

Sur le bout de chemin qui mène de la station au « stand » tous les gens se hâtaient, se bousculaient, se dépassaient entre deux rangées de marchands de billets et de petits drapeaux qui portaient en lettres blanches sur fond bleu clair ou foncé les noms des deux universités.

On se battait pour entrer, et, une fois la porte passée, on courait pour gagner sa place.

Le stand se compose d'une pelouse d'environ 25 mètres de large et 80 de long. Sur les deux grands côtés de ce rectangle deux tribunes étagent leurs gradins; à droite étaient les partisans de Yale, à gauche ceux de Columbia. Mon ticket portait un numéro d'une rangée si inaccessible à

atteindre dans la foule, que je me décidai à rester sur le chemin près de la porte.

Il faisait un temps splendide; de légers nuages blancs couraient dans le bas du ciel bleu au-dessus de la mer de visages, de chapeaux, d'ombrelles, de bras et de petits drapeaux qui s'agitaient en face du côté de Yale.

Au milieu des applaudissements, des coups de sifflet, des chants, les deux équipes entrèrent sur la pelouse et la partie commença. N'étant pas initié à ce jeu, je n'y compris rien, sinon que, sitôt le ballon lancé, c'étaient des courses folles, des bousculades effrénées, ne finissant qu'au signal de l'arbitre, pour recommencer la minute d'après.

Les engagements se suivaient toujours plus ardents et la foule se passionnait à la bataille. Comme il s'agissait de stimuler l'ardeur des combattants par des cris et des chants, toutes les deux minutes, au pied des gradins, une espèce de colosse, armé d'un porte-voix, criait « Are you ready ». La foule répondait « Yes ». Alors « Go » et des hurlements partaient, scandés et réglés par l'étrange chef d'orchestre, qui d'en bas battait la mesure avec ses poings fermés.

Le cri de Columbia est ainsi :

C—O—L—U—M—B—I—A

Columbia !
Columbia !
Columbia !

De temps en temps un des joueurs tombait et restait étendu. On accourait le relever, un homme portant une grosse bouteille d'eau claire et une éponge lui aspergeait la figure ; s'il n'était pas trop démoli, il continuait la partie, sinon on l'emportait enroulé dans des couvertures, au milieu des applaudissements et des acclamations délirantes de la foule qui hurlait son nom ainsi :

Rah, Rah, Rah

Armstrong !
Armstrong !
Armstrong !

Un autre joueur le remplaçait aussitôt et la partie continuait de plus belle.

Après deux heures de lutte, la victoire était à Yale et je sortis du « stand » alors que tous les étudiants de Columbia, graves et découverts, entonnaient solennellement à pleine voix la chanson de leur collège.

Dans des terrains vagues avoisinant le stand, des petits garçons dansaient autour de feux de joie, flambant en l'honneur de Yale.

Sur la route du retour, des gens réglaient leurs paris, et se bousculaient de nouveau dans les escaliers du subway ou à l'assaut des tramways.

Le même soir tous les grands restaurants étaient décorés des couleurs de l'Université gagnante. Les journaux remplissaient leurs colonnes des détails de la lutte et, dans les music-halls, le cinématographe reproduisait les passes les plus sensationnelles.

Le Yachting. — Le Yachting a des fervents aussi nombreux que le golf. La situation topographique de New York au milieu des îles et des bras de mer, la profondeur de l'eau, la sûreté du mouillage, l'accès facile des berges, sont autant de conditions favorables au développement de ce sport, aussi est-ce par milliers qu'il faut compter les bateaux de plaisance, ancrés dans tous les recoins de la côte aux environs de la ville. Toutes les espèces de yachts à vapeur et à voile y sont représentées, depuis les steamers, grands comme des transatlantiques, jusqu'aux demi-tonneaux où deux hommes tiennent à peine, — trois mâts et goélettes faits pour les longues croisières, yawls, cutters, shooners, cat-boats, sloops, ketchs, — bateaux de course fins et légers, — bateaux de promenade, plus solides et capables de tenir les fortes mers, — ils dansent les uns près des autres, nets et astiqués, portant des noms de femmes ou de déesses — Molly O. — Fantana — Geisha — Nora — Narioch

— Doris, etc. Les premiers chantiers du monde sont ici. C'est à Brooklyn et à City Island qu'ont été construits les admirables bateaux, gagnants de cette coupe de l'Atlantique que jamais les Anglais ne purent décrocher.

Je me souviens toujours avec joie de longues promenades sur le Sound à la fin de l'automne, époque si charmante ici. Le doux soleil de novembre dorait les feuillages roux des arbres, sur les îles, devant lesquelles nous passions à belle allure, vent arrière. Le yacht était un bateau de course tout blanc, jaugeant une dizaine de tonneaux et de l'espèce dite bulb-keel. Ses voiles blanches et fines montaient haut dans le ciel, si bien disposées qu'elles ne perdaient pas le moindre souffle de vent. Les cuivres fourbis, les panneaux d'acajou reluisants, les coussins disposés dans le cock-pit — le tiffin-basket entr'ouvert, montrant les porcelaines blanches du thé, formaient un décor de vie luxueuse, libre et heureuse. Ah ! l'exquise sensation de vitesse en même temps que de calme on éprouvait à courir ainsi sur l'eau bleue !

Un jour nous fûmes pris au retour par une forte brise de sud-ouest, nous soufflant dans le nez et nous forcant à louvoyer. Nous dûmes amener la flèche et changer de foc. Avec le vent et la mer que nous avions, il ne fallait pas songer à regagner New Rochelle pour l'heure du déjeuner, comme nous l'avions prévu. Alors, quelqu'un eut l'idée d'organiser un lunch à bord. Une fiole de whisky et quelques biscuits étant les seules provisions dont nous disposions, il s'agissait de nous ravitailler. Le bateau fut mis à l'abri dans une petite crique entre Sand's Point et Hemstead Bay, et le canot du bord nous ayant mis à terre, nous partîmes en quête de victuailles chacun de notre côté. Pour ma part, je trouvai

des huîtres et un fromage, mes compagnons rapportèrent du bouillon de poulet, des céleris, un mince-pie, des sandwiches, des tomates, des pommes et des bananes. Je me rappellerai longtemps la gravité avec laquelle notre ami M. portait tout l'ice-cream qu'il avait pu trouver, enveloppé dans un vieux journal.

Ce repas improvisé fut des plus joyeux, et c'est dans de pareilles occasions que l'on découvre tout ce qu'il y a de liberté, de spontanéité, de gaieté au fond du caractère américain d'apparence si froid et si fermé.

J'ai souvent rencontré, dans ces promenades, des yachts que menaient des femmes ou des jeunes filles ; elles aident à la manœuvre comme de simples matelots, savent tous les termes marins, godillent comme des mousses, installent une voile comme les plus malins gabiers, et il n'est pas rare que des équipages féminins soient vainqueurs dans les régates. Leur assurance, leur sang-froid, leur habileté sont remarquables.

A ce propos, un yachtsman me contait ceci : Un jour de courses il montait un petit cotre d'un tonneau, aidé par sa sœur et l'un de ses amis. Sous une rafale le bateau se coucha. et la jeune femme qui était à l'avant, manœuvrant l'écoute de foc, tomba à l'eau, les deux hommes voulurent lofer et aller à son secours, mais elle leur cria de toutes ses forces : « Go on and win ! Dont mind me, I' ll be picked up, I am good for two hours. — Allez et gagnez, ne faites pas attention à moi, quelqu'un m'aidera, je suis bonne pour deux heures. »

Elle fut repêchée par la baleinière d'un steamyacht, tandis que les deux hommes continuant leur route arrivaient premiers.

Une autre histoire : Trois jeunes filles étaient invitées

par des jeunes gens à une sortie en mer ; à l'heure dite elles arrivèrent en toilettes claires, jupes longues et larges chapeaux. Les garçons se moquèrent gentiment de ce costume peu pratique pour une telle expédition sur un si petit bateau ; l'un d'eux leur montra même les dangers qu'elles couraient, au cas où elles tomberaient à l'eau ainsi vêtues. Vexées, elles se regardèrent un moment, se firent un signe et là, tout à coup, sous les yeux des jeunes hommes ahuris, sautèrent toutes les trois à l'eau, nagèrent quelque temps et remontèrent à bord, — vous pensez en quel état, — en demandant simplement : « Are we all right now? — Sommes-nous bien maintenant? »

Beaucoup de jeunes garçons ont fabriqué de leurs mains les embarcations qu'ils montent, ont dressé eux-mêmes les plans de la coque et de la voilure et jouent avec de vrais bateaux, à l'âge où chez nous on se risque à peine à lancer des navires joujoux sur le bassin des Tuileries.

Je connais des gamins de dix et douze ans, qui s'en vont toutes les semaines sur des knock-abouts (coquilles de noix avec un seul bout de voile) faire visite aux gardiens du phare de Execution, situé à 15 kilomètres en mer.

Les Environs. — L'amour du sport ou plus simplement le désir de vivre un peu à l'écart et fuir le tapage de la ville font nombreux les New Yorkers habitants des banlieues. Leurs affaires finies, ils prennent le train et regagnent leurs homes à Pelham, New Rochelle, Larchmont, Rye, au bord du Sound ; à Ardsley ou Yonkers sur l'Hudson, sur Long Island, sur Staten Island ou dans les petites villes de New Jersey.

Le matin à l'aller, le soir au retour, les longs wagons sont bondés d'hommes lisant des journaux ou plongés dans des

listes de chiffres. Des femmes aussi, encombrées de paquets, des garçons et des jeunes filles portant des livres de classe. Dans le train on se reconnaît, des groupes se forment, des conversations s'engagent. Le convoi passe des rivières sur des ponts bruyants, traverse des quartiers pauvres, des faubourgs peuplés d'usines et de terrains vagues pleins d'immondices et de détritus. De chaque côté de la voie courent indéfiniment la file des tableaux-réclames vantant toutes sortes de produits, toutes espèces de spectacles, puis, ayant quitté les derniers faubourgs de la ville, on rencontre encore de grands cimetières, ombragés de beaux arbres et débarrassés de la quincaillerie des éternels regrets qui les rendent quelquefois odieux dans notre pays. Plus loin encore des promenades et des parcs publics, et, commençant à s'échelonner dans la verdure au milieu des futaies, des centaines de cottages bâtis à même le gazon, sans clôtures ou barrières quelconques, construits en bois sur des fondations de pierre ou de brique, surélevés de quelques marches et entourés d'une galerie couverte sous laquelle on se tient l'été. La flèche pointue d'une église de village dépasse quelquefois les arbres de la route.

Aux petites gares du chemin, voitures légères et automobiles attendent les voyageurs qui y grimpent lestement, prennent les rênes ou le volant de direction et filent à toute vitesse par les chemins.

Les environs de New York abondent en coins délicieux où les habitations juchées sur le haut des falaises, au bord du fleuve, ou bien au bord des criques profondes du Sound, s'élèvent au milieu de bouquets d'arbres magnifiques derrière lesquels s'aperçoivent des paysages immenses d'air et d'eau qu'animent les seules voiles blanches des yachts d'un charme extrême sur la douceur du ciel traversé de légères buées. Les portes et les fenêtres peintes de tons clairs, souvent de blanc crémeux ou de vert bleui, chantent doucement près de la couleur sombre des boiseries vernissées et des poignées et ornements de cuivre fourbi. Des fleurs, dans des pots bleus de Chine ou de majolique italienne, jettent leur note fraîche aux coins des vérandas ; des allées soigneusement ratissées encadrent les pelouses de formes géométriques au gazon fraîchement tondu et mènent du chemin à l'entrée principale. Peu ou pas de jardins, seulement de place en place un massif de fleurs. Le luxe ne s'affiche point, tout est intime et discret, et cependant pour habiter ici il faut être sinon millionnaire, au moins sûr de gros revenus.

Ni murs, ni haies, ni clôtures d'aucune sorte, non plus que de persiennes ou de lourdes portes de chêne, ces maisons sont les moins closes du monde. Partout de larges glaces derrière lesquelles l'œil pénètre sur des intérieurs où brillent les claires faïences, les meubles luisants, les fraîches tentures, l'or des cadres, l'éclat des cristaux. De vieilles dames aux joues rosées, en robes à volants, fichus de linon, tabliers de soie et bonnets de dentelle des aïeules, cousent auprès des fenêtres ; sous les vérandas des femmes jouent avec des bébés ou lisent des magazines. Des théories de jeunes filles passent au galop de leurs chevaux qu'elles montent à califourchon, des automobiles ronflantes emportent garçons graves et girls rieuses, de vieux messieurs à grosse moustache et lunettes d'or mènent leurs trotteurs du fond de leurs buggies aux hautes roues légères. Plus paisible s'en va le policeman, conduisant lui aussi le cabriolet qui lui sert à faire ses longues tournées. De temps à autre il saute de voiture, s'en va vers un arbre, ouvre une petite boîte qui y est accrochée et téléphone quelque part.

Tout est neuf, date de quinze ou vingt ans à peine, les vieilles demeures sont rares, aussi compte-t-on celles comme le manoir que la famille Van Cortlandt construisit au XVIIIe siècle dans le Bronx, ou même comme le petit cottage qu'occupa vers le milieu du dernier siècle le poète Edgar Allen Poë.

Ces vieilles maisons dans le style colonial étaient charmantes avec leurs toits bordés de balustrades en bois et leurs colonnes blanches soutenant des chapiteaux légers ; on s'en inspire en quelques endroits, mais les cottages compliqués de toits pointus, d'ailes en retrait, de larges bow windows sont en majorité. Les architectes s'ingénient à varier la disposition du plan, à diversifier les aspects selon la nature du paysage, tirant des effets de la disposition des cheminées et des toits, compliquant l'arrangement des fenêtres, tirant parti de la pente du terrain pour différencier la hauteur des pièces des rez-de-chaussée et en rompre l'égale monotonie ;

on a ainsi la surprise d'une suite de petites chambres basses et sombres délicatement garnies des légers meubles qu'inventèrent en Angleterre Sheraton et Chippendale — tables légères, chaises menues, canapés de poupées — pour arriver par quelques marches de chêne dans le vaste hall éclatant de lumière, orné de tapisseries des Flandres, de hauts bahuts hollandais, de crédences italiennes, de ferronneries allemandes. Le grand piano à queue tient un coin de la pièce. Sur les murs et sur les meubles sont disposés les tableaux, les cuivres, les porcelaines, les bronzes, les étoffes, les bibelots, les mille choses achetées au hasard des longs séjours en Europe ou des excursions autour du monde. Un large escalier coupé de paliers éclairés de baies en saillie, dans lesquelles des divans s'insèrent, mène aux chambres du premier étage.

Chambres lumineuses et aimables, dont le grand lit de cuivre tient le milieu, des meubles simples et élégants les garnissent, des estampes ou des peintures de bon goût les décorent, le téléphone est à la portée de la main et des livres traînent partout. Près de chaque bedroom, le cabinet de toilette resplendit du luxe de ses carreaux clairs, de sa baignoire de porcelaine, de son linge fin, de l'éclat des accessoires de nickel et d'argent.

Voici un décor, il en est mille autres. Durant la journée les femmes seules les animent, à moins qu'elles ne prennent à leur tour le train de New York « for shopping » ou pour aller aux matinées ou faire des visites. Bien souvent il ne reste dans la maison que les « maids » aux tabliers empesés, les « butlers » nègres en veste blanche, et les « nurses » surveillant les tout petits enfants qui se roulent sur les pe-

louses. Parfois, en promenade, à Larchmont ou à Rye, avec mon ami M..., nous entrions pour visiter des collections, dans des maisons dont il connaissait à peine les propriétaires absents, nous regardions tableaux, gravures, faïences ou livres tout à notre aise, puis nous partions sans que la maid ou le butler songeât à nous demander nos cartes ou simplement nos noms. J'étais bien choqué au début, mais j'étais obligé de m'en rapporter au tact de M... qui est un parfait gentleman, et j'ai su depuis que cela se faisait partout et tout le temps.

Quand M... connaissait particulièrement le maître de la maison, il lui téléphonait à son office de Broadway ou de Canal Street : « Hello, un tel, nous sommes chez vous, nous

regardons les aquarelles. — Enchanté, répondait l'autre. Voulez-vous que je vienne? — Non, inutile, dérangez pas. — All right! alors ouvrez tel tiroir de tel meuble et vous trouverez un coffret dans lequel j'ai quelques camées qui pourront intéresser vos amis. — Good Bye. — Good Bye. »

Les New Yorkers ne diffèrent pas des autres citadins, quant au goût et au besoin qu'ils ont de la partie de campagne dominicale. Dès le samedi après-midi des foules joyeuses courent à l'assaut des trains et des bateaux, hommes et femmes portent les mêmes petites valises carrées, les « suit cases » qui sont bien caractéristiques de ce pays, toutes bariolées d'étiquettes multicolores qu'y collèrent les portiers d'hôtels de tous les continents. Les kodacks sont par milliers. — Joueurs de golf, de tennis, de foot-ball, chasseurs, pêcheurs, yachtsmen partent équipés pour leur distraction favorite et tout le long du chemin ne parleront que de leur sport ou liront leurs journaux spéciaux. Bien rares, je crois, sont ceux qui vont aux champs pour simplement y flâner et tranquillement goûter la joie de se trouver dehors au grand air, dans la verdure au milieu de beaux paysages. Il faut encore aux Américains lâchés dans la nature la même fièvre d'activité et de combat qui les anime les six autres jours.

Les propriétaires de grandes installations à nombreux domestiques organisent ce jour-là des « week end crowds ». Ils invitent leurs amis du samedi au lundi chez eux. Ce ne sont que parties de tennis, de crosse et de golf, promenades à cheval, en coach, en buggy, en automobile, en yacht, on passe de l'une à l'autre sans interruption : tout est arrangé pour ne pas perdre une seule minute et toujours faire quelque chose ; quand arrivent dix heures du soir, on meurt de fatigue.

J'ai le souvenir d'une fin de semaine passée à Greenwich chez un médecin fort connu et fort aimable. Nous étions une dizaine d'invités, arrivés les uns après les autres dans l'après-midi du samedi. Tandis que certains s'installaient au tennis, nous partions à cinq, trois hommes et deux femmes, jouer au golf sur un

champ de course voisin. La partie dura deux heures et demie

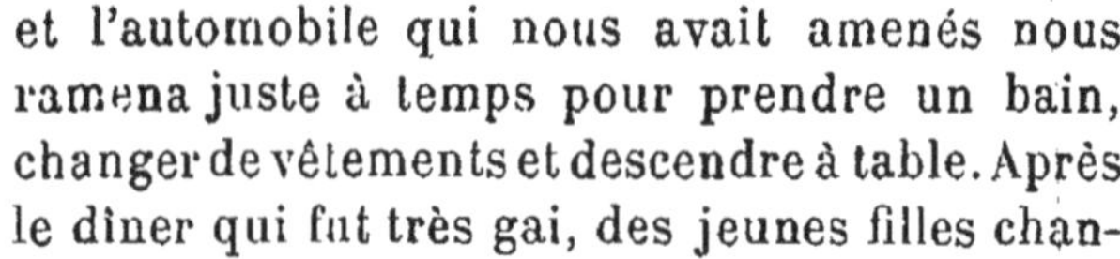

et l'automobile qui nous avait amenés nous ramena juste à temps pour prendre un bain, changer de vêtements et descendre à table. Après le dîner qui fut très gai, des jeunes filles chantèrent, on causa un peu et vers 10 heures ceux qui ne jouaient pas au billard s'installèrent aux tables de bridge. Le jeu ne se termina que fort tard dans la nuit et après l'absorption de nombreux whisky et soda. Le lendemain matin, nous étions tout de même six qui partions à huit heures pour une promenade en tally ho et une partie de golf sur les links d'un autre club.

Le déjeuner d'une heure nous réunit tous à nouveau. A deux heures, des voitures nous emportaient, qui vers la campagne, qui vers un embarcadère où attendait le launch électrique. Jusqu'à la nuit tombante nous tirâmes des canards. Pris par le plaisir de la chasse, nous ne nous apercevions ni de la fuite du temps, ni de la bise glaciale de novembre qui bleuissait les faces et mordait les doigts. Le bateau nous débarqua près d'un hôtel où nous trouvâmes d'excellentes boissons chaudes. Il fallut téléphoner pour avoir l'automobile. Quelqu'un proposa de partir au-devant, et nous voilà arpentant la route pendant deux ou trois kilomètres. Le dîner fut moins bruyant que la veille, peut-être à cause de la fatigue des convives. Quant à moi, j'étais littéralement éreinté et il me fallut faire un effort pour rester éveillé jusqu'à 10 heures. J'avais à peine la force de me déshabiller. Mes compagnons résistaient mieux, ils avaient l'habitude et c'est leur façon à eux de se reposer.

TABLE DES MATIÈRES

Pages.

TABLE
DES
ILLUSTRATIONS

Pages.

Pages.

Pages.

IMPRIMÉ
SUR LES PRESSES
DE
AUGUSTE GOUT ET Cie
POUR
EUGÈNE REY
LIBRAIRE ÉDITEUR
PARIS

www.ingramcontent.com/pod-product-compliance
Ingram Content Group UK Ltd.
Pitfield, Milton Keynes, MK11 3LW, UK
UKHW031047260726
13965UKWH00006B/695

9 782013 426077